たべるノヲト。

たべるノヲト　はじめに

東銀座に「プゴク」スープの専門店がある。干し鱈から出汁を取ったそのスープ料理は、日本人にはあまりなじみはないが韓国では非常にポピュラーで、特に二日酔いの朝などは、優しい味わいが疲れた胃腸を癒やしてくれると重宝される。それをこの東京のど真ん中で、朝の7時から食べられるというのがこの店。名前もずばり「たらちゃん」。メニューも「プゴク」のみに絞った潔さに、店主の高さんの意気込みがうかがえる。

実は2025年1月に公開される『劇映画 孤独のグルメ』もこの店からかなりインスパイアされた。もう情報公開されているかと思うが映画化にあたって企画から製作、脚本、果ては監督まで務めることになり、二年前の夏ごろからシナハン（シナリオハンティング）を兼ねて様々な店を食べ歩いていた。そんななかでここの干し鱈スープを味わい、物語の重要なモチーフのひとつとさせていただいたというわけだ。

そんな「たらちゃん」と目と鼻の先にマガジンハウスの本社はある。ある日編集部から呼び出しを受けた。「たべるノヲト。」の書籍化の話だそうだ。気がつくと連載開始から2年が経過している。どうも最近ネタが尽きてきた感じがする。同じ話を書き始め、途中で気付くことだってざらだ。いっそこの書籍化を節目として連載終了を促されるのも良しとしよう。

編集者の辻岡さんからは、今回の書籍化にあたって書き下ろしでいくつかエッセイを書かれてはどうかと提案された。以前エッセイ集を出した時は短編小説を書き下ろして併載してもらったこともある。今回も短編を書いて、あわよくばそれを次に作る映画の原作にでもしてしまえという考えがよぎった。ふと企(たくら)んではみたものの、いや待てよ、果たしてこれは「たべるノヲト。」とセット販売が相応しいものになるかどうか。頭の中でぐるぐると方向性を模索しているうち、打ち合わせの最後で「たべるノヲト。」の連載継続も正式に打診された。

　マガジンハウスを出て、みんなで「たらちゃん」に向かう。昼前だというのに女性が列をなしている。女性誌の連載の打ち合わせで女性スタッフと共に、女性主人の作る優しいスープを多くの女性客といっしょに啜(すす)っている。多様性の時代だといえ特段そんな教育も受けていない昭和のジジイに、このさき女性に向けて何が書けるというのだろう。

　というわけで晴れて書籍化。まぁ特別な内容のエッセイではない、「たべもの」について書かれた「ノヲト」つまり走り書きみたいなものだ。昭和の思い出満載だが、わからないことがあったらおばあちゃんに聞くか、ネットで調べればなんでも教えてくれるはず。

また、この単行本を手に取っていただいた大切なお客様だけの為に、本編を読み終わった後に、僕の朝のルーティンについてお話しする特別付録をおつけしましょう。

では、皆様ご唱和を。

「いただきます」

Illustration あべみちこ（よつば舎）
Design 草苅睦子（albireo）

Photographs 伊藤彰紀（aosora）
Styling 増井芳江（田代事務所）
Hair & Make-up 髙橋郁美
Artist Management ザズウ
Special thanks 松重暢洋

俳優・松重豊が紡ぐ「食の記憶」エッセイ。
どうぞご一緒に記憶を辿る旅に出かけましょう。

もくじ

お好きな順に
お召し上がりください

おつまみ

肉と魚

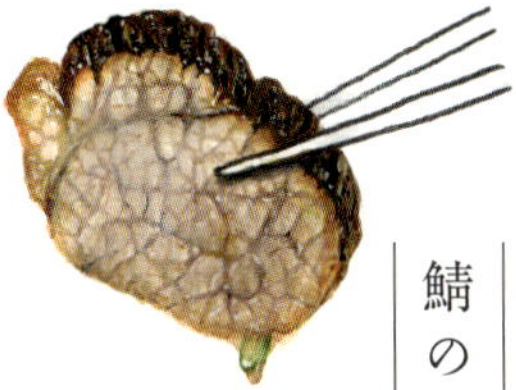

もう一品

麺もの

ごはん、汁もの

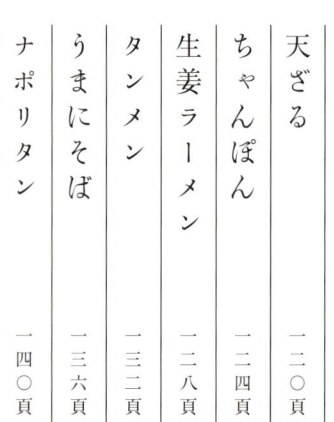

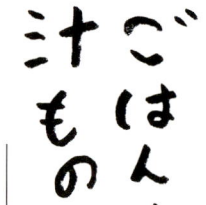

甘味

おみやげ

おまけ

尻状の顎を持つ二の腕の細いセーラー服を着たビーガン男

マガジンハウスからエッセイ執筆の依頼を受け、名刺の裏に書かれた出版雑誌名を見て、アニメの「ポパイ」は今どうしているのかとぼんやり考えた。小柄な水兵のポパイと細長ノッポの恋人オリーブ、そして憎めない悪漢ブルートが繰り広げる十五分程のドタバタアニメだ。当時の子供達には「トムとジェリー」と双璧をなす、アメリカの風を感じる夕方の貴重な楽しい時間だった。ポパイは窮地に陥った時にほうれん草を食べることによって爆発的な攻撃力を得るという非常に変わった体質を備えていた。べジタリアンか、はたまたビーガンか。おまけにそのほうれん草はフレッシュなものではなく缶詰ばかりなのだ。そもそも缶詰のほうれん草というものを、昔も今も見たことが無い！　ピンチにはその缶詰を受け取ると手で握りつぶして貪る。その握力たるや恐ろしいが、異常に発達した前腕筋に比べ華奢(きゃしゃ)な二の腕が気にかかる。どこのジムかは知らぬがマシーンの選択に間違いはなかったか。缶詰を握りつぶす程の力が残っているなら十分に敵と戦えそうな気もするが、ここは今ならレトルトパウチのほうれん草が適当ではないだろうか。コンビニの惣菜コーナーにオリーブが急ぎ買いに行けばいい。もしくはＯｉｓｉｘのレトルト（有るかも！）を買い溜(だ)めして衣服に忍ばせておくというのも手だ。しかし前段の戦いの最中、破れて青汁が漏れ出して白いセーラー服に染みをつくるのは避けたい。いや待てよ、そもそもほうれん草の食べ過ぎはシュウ酸の所為(せい)で結石になると聞いたぞ。ポパイ危うし、小松菜にするか。え、小松菜、アメリカにあるか？　なんてこと考えていたら、もうひとりの登場人物「ウインピー」を思い出した。

「火曜日にはきっと返すからハンバーガー奢ってくれよ」が口癖のちょっとおデブで困った人だ。まだまだ週給制もマクドナルドも身近でなかった時代の話。そういえば「ウインピー」って雑誌、マガジンハウスから出て無いぞ。この連載もそっちの方が良かったんじゃね。もちろん創刊号はハンバーガー特集だろ。

さっとバターで炒めた
ほうれん草に
目玉焼き。
お醤油かけて。
半熟の黄身を
たのしむ。

先を見通せるはずだったのに何か詰まっていて私は涙が出るわ

「熊の本」を買う。近所の美術館で絵本作家わかやまけんさんの展覧会をやっていたのだ。『こぐまちゃんとしろくまちゃん』という誰もが一度は目にしたであろう絵本の作家さんだ。もちろん孫のためであることは言うまでも無い。それにしても洋の東西を問わず、絵本や童話の類いに熊キャラのなんと多いことか。クマのプーやらパディントン。テディベアもその流れか。世界中の子供たちに愛されている動物ナンバー1かも知れない。いまだに熊そのものと遭遇したことは無いが、その瞬間、間違っても可愛いなどと思えないだろうし、自分の演技力では死んだふりで騙せる自信も無い。

「熊本」に行く。特に熊が生息しているところでは無い。わかやまけんさんが岐阜県のご出身であるのと同じように。そのかわりにくまモンがいる。いたるところにいる。生みの親である小山薫堂さんらの思いが反映しているのか著作権等の敷居が低く、使用料を取らずに県内いたるところにいる。大相撲の正代の化粧まわしなども笑えて楽しい。しかし今はくまモンに見とれている場合では無い。今日は日帰り、撮影が終わったら東京に帰らねばならない。

「熊本メシ」何を食おうか。なんだか某番組の趣を呈してきたが、まず思い浮かんだのが熊ならぬ馬、「馬刺し」だ。しかし先日大河ドラマの撮影で乗った馬のつぶらな瞳を思い出した。おとなしい優しい馬だった。今回は馬刺しは外そう。では熊本ラーメンはどうだ。他の九州ラーメンに先駆けて東京に進出した桂花の太肉麺は懐かしいが、それなら新宿で食える。

「辛子蓮根」。レンコンの穴に辛子味噌を詰めてみるという発想をした人にまず拍手。おまけにそれに衣をつけて揚げるという展開を考えた人に喝采を送りたい。この揚げたてをかつて当地の居酒屋で食べた。お土産物では形のいい大ぶりな蓮根が好まれるのだろうが、揚げたてだと小ぶりな二口サイズが絶品だった。はふはふ言いながら口に含むと鼻に辛子がツンと抜けていく。シャキシャキとした歯ごたえと共に刺激の余韻を楽しむ。涎を垂らしていたら迎えの車が来た。何しに熊本に来たのかようやく思い出した。

ツーンと詰まってる
詰めて煮る
詰めて焼く
ジューシー詰まってる
詰めてシャキ
詰めて焼いてトロン

昭和グルメの殿堂とでも言うべきデパートの大食堂で白い大噴射

かつて嫌いな食べ物をお互いに食べ合って、相手の苦手なものを当てるというバラエティ番組があった。出演することなくその番組は終わったが、何かの番宣で出ていたとしても間違いなく僕は相手に悟られてしまっただろう。いやむしろ口にした途端、烈(はげ)しくえずいて吐瀉(としゃ)し、醜態をさらして放送不可能になったに違いない。いまだそれを口に入れることなど想像すら出来ない。実は、10年続く例のグルメドラマでも僕は好き嫌いがないことで通しており、その食材が出た日をもって番組終了だと考えていた。これをトラウマと呼んでもいい。

子供の頃、母親に連れられて繁華街のデパートに行った。目的地より道中のチンチン電車に乗ることだけが楽しみだった僕にとって、母親の買い物は長く退屈だった。人混みに酔い上気した僕は、両手に買い物袋を下げ満足げな母に6階の大食堂へ連れて行かれた。入り口の売り子さんからサンドイッチの食券を買い中へ入る。当時のデパートはどこも最上階にこのような大食堂があって、和洋中なんでも頼めた。中はワンフロアぶち抜きでテーブルが並べられ圧巻だ。すかさずウエイトレスさんがやってきて水と引き換えに食券を半分ちぎって持ち去る。しばらくするときれいに並べられたサンドイッチがやってきた。添えられたパセリとポテトチップスから都会の風を感じる。手で持って食べていいと言われ、わくわくしながら一口囓(かじ)った。ところがその瞬間、鼻腔(びくう)を突き抜ける臭いと得体の知れない味に我を忘れてしまった。「うぇぇい」と言いながら吐いた。大きくえずいた。悪いことにそこは大食堂の真ん中の席。周囲の客が一斉に見る。口から出した白い棒状の物体を恨めしそうに見つめる僕に向かって母が言った。「あら、中にアスパラの入っとったとね」。その時以来、僕は缶詰のホワイトアスパラガスを口にしていない。

本稿の挿絵画家あべみちこさんから初夏になると旭川産アスパラガスが送られてくる。「緑」は当然好物だが、半分は「白」。最初は当然躊躇(ためら)った。食べたことにしてお礼を書こうとさえ思った。騙されたと思って食べろと女房に脅された。騙されて正解、「白」は「緑」と違った趣で実に美味い。トラウマ解消と言いたいとこだが、缶詰のそれを口にする勇気を持てる日はいつなのだろう。

ほろ苦くてたまんないんだ。

じっくり焼いて、塩コショウ オリーブオイル。

穂先が良いか根元が良いか好みだが
爪楊枝の無い店では要注意

今放送中（2023年）の大河ドラマ「どうする家康」でも食事のシーンがある。殺伐とした戦国の世にあっても、夕餉を囲むと心が和む。演者もそれなりに楽しみにしているのだ。ちなみに昨日の撮影シーンの献立は雑穀米に里芋の煮っころがし、なます、竹の子の煮物であった。どこかのオーガニックレストランのランチの如くである。なますにニンジンが入って無いのは、当時まだ日本に入ってきていなかったからだそうだ。今後もブロッコリーやエリンギなどは乱世の食卓に並ぶことはない。そこに竹の子がいることで春のシーンだということがひと目で分かる。

　しかしこの竹の子という食べ物、昔から食べられていたそうだが、野菜でも果物でもない、謂わば木材に近い。それを食べてみようと思った先祖に一目置きたい。当然堅いし、独特のえぐみがある。食べられないと判断してしかるべきだ。しかしなんとか食べる方法はないか。土から顔を出す直前なら柔らかくはないか。そしてついに糠で茹でるというアクの抜き方までたどりついた。はたしてそこまで何百年かかったことだろう。おかげで僕らは春のこの時期、香りと食感を楽しむことが出来る。

　下北沢と世田谷代田の中ほどにボーナストラックという若者が集うエリアがある。様々な店が軒を連ねていて、僕が本を出版した時にその中の本屋さんでイベントをやらせていただいたこともある。実は昔、この辺りには大きなメンマ工場があった。あたり一帯に妖しい香りを漂わせていたエリアだった。メンマ臭というやつは厄介ですぐさま中華が食べたくなる。バイト先のラーメン屋で賄いを食べてきたはずの僕にとってもしかりだった。

今でもメンマを身体が無性に欲する時がある。そんな時は丸の内の地下に車を停めて、丸ビルの6階に向かう。そこの「赤のれん」というラーメン屋、実は歴史が古く、僕がまだ小学生だった頃、福岡箱崎に「赤のれん」という老舗のラーメン屋があってそこからのれん分けされた店だ。流行のバリバリに硬い麺ではなく、少し平たい優しい細麺と、細切りのメンマとの相性が抜群。トッピングのメンマに麺を絡ませて豚骨スープを啜る。あぁ旨い。竹を食べるための工夫に苦心した先祖に思いをはせながら。

こう呼んでる。

ホソメン

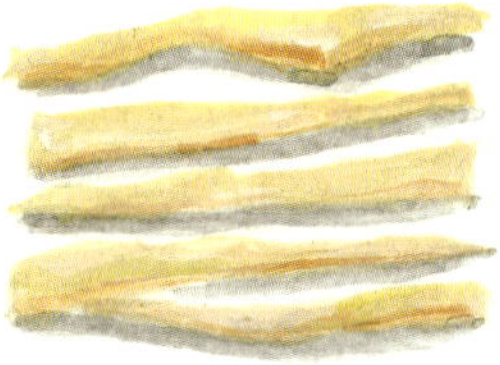

細く、味のないやわらか
ラーメンのわき役 メンマ

ゴリメン

太く、やや味付き
歯ごたえゴリゴリ メンマ

フツメン

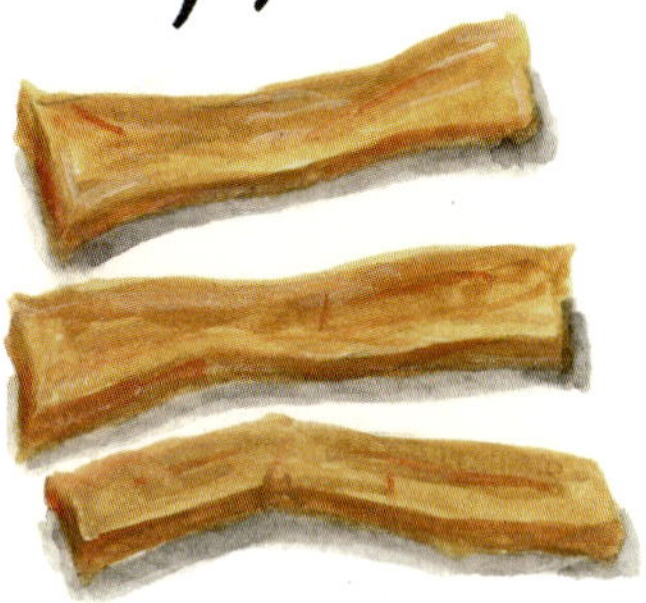

味しっかり そのままでも おいしい
おなじみ メンマ

割りばしでできているなんて
ウワサを思い出した。

刻み生姜胡麻塩人参山椒椎茸牛蒡蓮根蕗これが子供の弁当とは

撮影も深夜を迎えると全体の士気が下がる。働き方改革の波は映像関連の現場までは及んでおらず、いまだに労働時間は相変わらずだ。そんなよどんだ空気漂う前室に製作部が段ボールを運び込む。みんなの目は釘付けになる。そこに夜食が入っているからだ。特別休憩時間を設けるわけではない。お腹が空いたらセットの隅でパクつくも良し、帰りのタクシーまで我慢してそこで食べるも良しだ。内容は王道のカツサンドから、海苔巻きやおいなりさん、豪華なものはカニ飯まで多岐にわたる。最近は「キンパ」

というう韓国海苔巻きをよく見かけるようになった。しかし僕のお気に入りは「天むす」。小さなおにぎりに海老の天ぷらが頭から突っ込んである名古屋名物の食べ物だ。と言っても深夜にエビ天を食べる歳ではない。はじに添えてある「きゃらぶき」が食べたいのだ。江戸発祥の佃煮も今では全国で食べられるが、このふきの佃煮だけは天むすの横でしか目にすることは無い。こんなに美味しいのに。

　子供の頃に食べたパウンドケーキと言えば、断面からのぞく具は今のようにドライフルーツの類いではない。チェリーの砂糖漬けやアンゼリカがちりばめられてあった。原色の鮮やかな色使いこそ子供が好きなものだろう的な押しつけを感じる。しかし僕はこの緑の物体アンゼリカが何故か大好きだった。それだけをほじって集めて食べていた。大きくなったらこの緑部分だけ集めて大人食いしようと心に決めていた。しかしその物体がふきの砂糖漬けであることを知り呆然（ぼうぜん）とする。ふきと言えば華やかなパティシエの世界とは縁遠い、おばあちゃんの煮物的立ち位置の食材だ。なんならその辺に生えている。

　時季になると川沿いの土手の辺りに自生していて学校帰りに摘んで帰った。犬が小便をしていないような奥まった場所のものを選んだ。細身のものを「ツワ」太いのを「フキ」と呼んでいた記憶がある。母親がゴリゴリと板ずりをしてアクを抜いていた。自分で取ってきたから美味しく感じてはいたが、はたして子供の味覚にとってはどうなのか。しかし童謡「おべんとうばこのうた」の締めの食材は「筋の通ったふーき」なんだよな。

いい年して
お行儀わるいと思いつつ
100%やってしまう。

前回の南関あげが余っていたら
今夜はこの子と煮浸しで決まり

年頃の娘を持つ父親。そんな役回りがめっきり増えた。息子との葛藤を抱える父親ではなく、婚期を間近に控えた娘を持つ父親の役。圧倒的に娘の父が多いのは、私自身の外見的イメージの所為だろうか。年に2回は花嫁衣装に身を包んだ娘とバージンロードを歩いているような気がする。父親への感謝の手紙、そしてト書きではそこで涙する父親と書かれてあったりする。そんな幸せの刹那になんで泣く必要があるのかと個人的に思う。実際私にも、嫁に行った娘がいる。安堵感と多幸感はあっても寂寥感や喪失感は皆無だ。世間的には冷たい父親だと思われるかも知れないがそれなりの愛情は持ち合わせているつもりでいる。ステレオタイプの花嫁の父像で書かれた台本には目眩がする。

とはいえ、一度でも親子の間柄を築いてしまった女優さんに対しては、他の作品に出ていても父親目線で見てしまう。危険なシーンでははらはらし、汚れ役では目を逸らす。情が湧くということでしか理解できない。そんななか、CMと映画で2回も父娘関係を演じたのが小松菜奈さん。現場でそれほど喋ったわけでもないが僕は彼女の演技が好きだ。「余命10年」という映画では同じシーンにいて心を鷲づかみされた。実生活でも嫁に行かれたようだが、どこか父親気分で見守っている私がいる。

先日バラエティ番組の収録で江戸川区に行った。食材を収穫して調理して乾杯して食べるという、あまり頭を使わずに楽しめばいいと割り切れる番組。テーマ食材は小松菜。しかしこれが東京発祥の野菜だとは思わなかった。たしかに上京するまで青物野菜といえばホウレンソウの独壇場で、福岡で対抗馬と言えるのは高菜かカツオ菜ぐらいだった。いまスーパーでは小松菜のほうが幅を利かせている。小松川のビニールハウスでは青々とした小松菜がところ狭しと生い茂っている。根っこからもいで収穫すると茎の手触りが瑞々しい。可憐で細身なスタイルから、思わず「小松菜奈ちゃん可愛いですね」と軽くボケてみた。しかしMCの芸人さんは何も拾わずにスルーした。

　ちなみにそのあと調理した「小松菜餃子」は絶品だった。茎がキャベツ、葉がニラのようで小松菜だけで完結する。是非お試しあれ。

年中おいしい
うちの常夜鍋

豚バラ
南関あげ
小松菜の葉っぱ

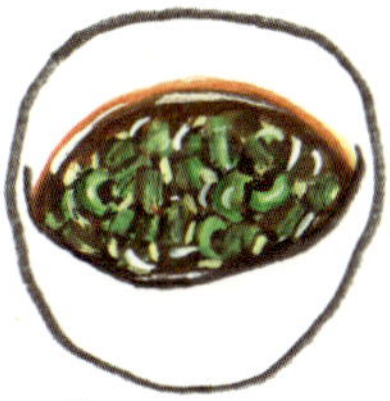

茎はみじん切りにして
ポン酢に。

もつや鶏皮は脂ではなく
コラーゲンだと言い張って減る罪悪感

深い感動に包まれた主人公のつぶらな瞳から一筋の涙が零(こぼ)れる。それを見た観客は客席でもらい泣きする。よくある光景だ。おそらくその時主人公の華奢な腕の皮膚には、感動の「鳥肌」がたっているに違いない。つられて観客の鳥肌もたつ。「もらい泣き」ならぬ「もらい鳥肌」。関西なら「もらいさぶいぼ」か。いや、知らんけど。

深く感動したり、あるいは恐怖におののいたりすると鳥肌がたつ。当然寒くてもたつ。ちょっとしたオカルト話をしている時など、真に迫った瞬間に「とりはだぁ！」と言って周りに腕を見せたりする。「私もとりはだぁ！」と言って答えたりする。感動や恐怖を共有するツールとしても鳥肌現象は機能していると言って過言ではない。

そういえば最近感動してないなぁ。恐怖すら、慣れがそうさせるのか鳥肌がたつような経験は皆無だ。そう思って自分の腕の皮膚を眺めた。もう総毛だつほど肌に張りはなく、「とりはだぁ！」と言って人様にお見せするようなものでもなくなった。

そんなことを考えていると「鶏皮」が食べたくなった。焼鳥屋であつあつを頬張るのもいいが、今日はひとつ、自宅でできる初夏のとっておきの一皿をご紹介しよう。「鶏皮ポン酢」だ。

生まれ育った福岡ではどこのスーパーの惣菜コーナーにも「酢もつ」と並んで置いてある定番おかず。しかし東京では飲み屋のつまみでしかお目にかからない。だから昔から自分で作るほかなかった。

まずは材料の鶏皮。これはスーパーにある。ここで気をつけてほしいのは高級スーパーに行くこと。鶏皮の脂分を敬遠する人が多いせいかブランド鶏の皮なんかが豊富にある。しかも安い。激安スーパーは皮目当ての客がいて競争率が高いし、売れ筋なので価格も高い。と言ってもグラム100円もしないからご安心を。

400グラム程を鍋で茹で、余分な脂を落としたら水にさらす。そいつをまな板で細かく切り刻み、たっぷり一束の万能葱と混ぜ、酢、醤油、ゴマ油と攪拌する。石垣島のラー油と柑橘系でもあれば尚よし。それを冷蔵庫で寝かすこと数時間。鳥肌がたつほど旨い鶏皮ポン酢の出来上がりだ。

ムニムニ感が少ない、
カリッカリがいい。
玉ねぎに鶏皮の旨味が染みておいしい。

なんかむしゃくしゃしたとき韓国のりを貪り食ってしまうんだ

静岡方面に行った帰り道、立ち寄ったサービスエリアでたまたま見つけた海苔があった。塩がかかっているだけの味海苔なんだけど旨味が濃い。余計なものは一切入ってないはずなのに味に深みがある。井田塩という伊豆地方のブランドで味海苔だけじゃなくいもけんぴも旨い。バナナチップも旨い。なんとも絶妙な甘塩っぱさを奏でてくれる。朝、この海苔を巻いて納豆を食べると癖になる。たれがなくても海苔の旨味と塩味だけでいけちゃうのだ。だけどこれがあまり通販で売ってない。用も無いのに静岡までドライブしなければならない。面倒になって諦めた。

しかし納豆は毎朝食べる。海苔に巻いて食べる感動を諦めかけたとき、高級な海苔の詰め合わせを頂いた。大きな海苔を1枚出してみる。あ、そうだ。忘れていた儀式が鮮やかに蘇（よみがえ）る。これはコンロの火で炙（あぶ）るやつだ。両面を軽くチリチリ言わせながら遠火で炙る。そういえば昔、「あぶり出し」ってやったなぁ。紙に果物の汁で絵を描いて、火で炙って絵を浮き立たせるやつ。懐かしいものを思い出したぜ。おっと、芳（かぐわ）しい磯の香りに食卓が包まれる。はさみで切って納豆を巻いてみた。塩海苔とまた違った感動に包まれる。味わいよりも香りで納豆をくるむのだ。旨いなぁ、海苔ってやつは。

しかしこんなひと手間、いつまで続けることができるだろう。年長者は直火が危ないからとＩＨに変えられたらもはやその感動は味わえない。老後に「あぶり出し」で楽しもうと思っても不可能だ。おまけに進物用の大きい海苔は普段使いする価格帯ではない。じゃあ、切ったやつでもいいかと思ってスーパーにある筒状の容れ物に入った切り海苔を買ってみた。どうにも味気ない。おまけに一枚一枚が妙に細い。載せた納豆がぽろぽろと零れるではないか。なんだこの高齢者に優しくない仕打ちは。あとで知ったが10切と8切なるサイズ表記があって、私が手にしたのが10切という細い切り海苔だったせいだった。けして意地悪されたわけではない。それにしても、我が家の海苔問題は未解決のままだ。

ついでに言っておくと、僕はパリパリの海苔にこだわっている人のように思われるかもしれないが、おにぎりに限らせてもらうと、握った段階で巻き付いているしっとりタイプが好みなんだよね。

父のごつい手が
乾海苔を炙る。

色が変わるのを
見ていたな。

冷たい
バターを巻いたり

6Pチーズを巻いたり

味噌汁のワカメを失って初めて彼女の偉大さと己の傲慢を知る

深夜におじさんが食べるだけの番組をかつて任された時、何をベンチマークとして考えたか。既存のドラマにそれを求めても思いつかない。僕が考えたのはBS－TBSの「酒場放浪記」。酒場詩人である吉田類さんがただ飲み屋を訪ねて酒を飲むだけの番組。20年も続いて愛されている理由はひとえに類さんの愛嬌(あいきょう)にある。一見の客であるにも拘(かか)わらず店主や常連の懐に絶妙な距離感ですり寄り、杯を重ねて時に足元をふらつかせ、最後は素敵な一句をひねりながら店をあとにする。この名番組を目標に12年やってみた。まだまだ足元にも及ばない。

　クロワッサン誌で食べ物に関するエッセイの依頼を受けた時、何を目標に書き進めるべきか考えた。迷わず選んだのは東海林さだおさんの「あれも食いたい　これも食いたい」。週刊朝日で去年（2023年）まで36年も連載された、まさにレジェンド級の名エッセイ。東海林さんのあらゆる食べ物に対する、絶妙かつシニカルな観察眼に毎回唸る。これが読みたくて毎週駅売りの週刊朝日を買っていた時期もあったほどだ。しかし休刊となり「たべるノヲト。」もベンチマークを失ってしまった。

　同じく休刊の憂き目にあった「似顔絵塾」は週刊朝日からサンデー毎日にトレードされ連載が続いていると聞く。そんなある日、なにげなく開いた朝日新聞の土曜別刷りを見て驚いた。「あれも食いたい　これも食いたい」、あたまに「まだまだ!」と冠がついて、なんと連載再開!　思わぬレジェンドの復活に小躍りした。

　その連載の4回目が「ワカメの立ち位置」。題名から既に笑いがこみ上げたが、横に描かれたイラストを見て絶句した。「五郎は無視！」と一言添えられた僕が箸でワカメを摘まんでいるではないか。定食屋に入った井之頭五郎が味噌汁のワカメを摘まんだ。しかし一瞥（いちべつ）しただけで何のコメントもなく食べ進めたシーンをご覧になったそうで、あの饒舌（じょうぜつ）な五郎がワカメを無視、ないがしろにした、と指摘された。

ごめんなさい東海林さんその通りです。味噌汁のワカメに何の感情もありませんでした。今度ワカメを主役にした回を企画します。ワカメ酢、いや若竹煮、うーん地味だな。ワカメサラダにワカメの味噌汁もつけて……。ってこれが「ワカメの立ち位置」ってやつか。

ワカメと牡蠣のバター炒め
ベロベロ〜ってなったワカメが汁を吸ってすごくうまいの

葡萄酒と蕎麦の奥深さが分からないくせに妙に板についた好物

イタリアに二週間程滞在してワインにまつわるドラマを撮っていた。フィレンツェ、ミラノ、ベネチアと北部を転々としていくうち、共演者やスタッフは自ずとワインに関する見識が深まっていく。良いワインと安いワインの違いを嗅ぎ分けられるようになっていった。そんな彼らを尻目にひとりホテルで焦っている僕がいた。なにひとつ違いが分からないのだよ。

ロケ最終日打ち上げの席で、番組の監修ソムリエがそのホテルにある最上級ワインの栓を開けた。ハウスワインとの飲み比べクイズで二週間の成果を確かめましょう、と。次々と当てていく共演者や監督たち。口々に「こんなに違いがはっきりしているんですね」と。いかん、僕の番が来た。両方飲んでみる。皆目見当がつかない。どっちも酸っぱいし苦い。うーんどっちも美味くない。適当に右手のグラスを指差した。不正解。呆れるソムリエ、しらける座。もう金輪際ワインは飲まないと決めた夜だ。

　ワインが駄目なら日本酒ならどうだ。うん、これは甘い辛いくらいなら分かる。お酒もいい年齢になると蕎麦屋で嗜むのが通っぽい。50過ぎて蕎麦屋デビューしてみた。板わさで蕎麦前を愉しむ。どこの蕎麦屋にもある定番メニュー。かまぼこを山葵で食うだけなんだが実に美味いし酒が進む。「蕎麦屋に通う好々爺」、いいかもしれない。ところがここにもトラップがあった。蕎麦の味が全く分からないのだ。つゆには先端だけを浸し、とか、香りが、とか、歯触りが、とか。ちょっと何言ってるかわからない状態。酔いも廻っているし、〆のラーメンのようにグダグダで食べちまう。二八でも十割でも、そばつゆに全身浴で食っちゃうから目を瞑れば冷や麦でも気付かないかも。

50代半ばで酒を卒業した僕は、今後ワインを飲むことはないだろう。もともとうどん文化圏の育ちなもので蕎麦屋も遠のいた。でも板わさには見事にはまってしまって、かまぼこを冷蔵庫に常備するほどになった。

そんなかまぼこ好きにとって聖地のような場所が小田原にある。「鈴廣（すずひろ）かまぼこの里」という嘘のようなテーマパークだ。箱根や熱海で遊んだ帰り道、ここでかまぼことわさび漬けを買って夕飯は軽く済ませる、っていうのも通っぽいだろ。

小田原のいいかまぼこも
わさびとオリーブオイルつけて
カップ麺に入ってる小さなかまぼこも
好きなかまぼこ。

声に出して歌いたいぞ秋田名物
八森ハタハタ男鹿で男鹿ブリコ

もうずいぶん昔、秋田の十文字映画祭というのに呼ばれたことがある。新幹線も盛岡から一気にスピードが落ち、冬だからもちろん車窓の景色も白一色。横手駅に着いて会場に行き、その夜酒宴に招かれ翌日帰路につくまで町並みの記憶は白くかき消されている。名物だという横手やきそばを食べた。上に目玉焼きがのっていて美味かった記憶がある。が、折角ここまで来たのだから、雪深いこの地ならではのものを食べたいと強くねだった。そして連れて行かれたのはマタギの店主がいる店。今日獲れたてのウサギを食わせてやると刺身が並べられた。あいにく僕は卯年、それだけはご勘弁とほうほうの体で逃げ帰った。

あれ以来の秋田路。今回は夏旅、空から入る。飛行機だと羽田から一時間ほどで着いてしまい拍子抜けする。目指す目的地は湯沢。昼飯はラーメンにする。お昼時に街を歩いている人は少ないが店内は大賑（おおにぎ）わい。夜はビストロに様変わりするという変わった店だが、数量限定の海鮮ラーメンを薦められた。濃い魚介の出汁がダイレクトに感じられ、動物系とは全く違うインパクトで美味。

仕事を終えて宿は横手駅。2度目の来訪だが冬と夏とで別世界。現場で地元の方にいろいろリサーチしたが、誰に聞いても横手やきそばの店を強く推してくる。だけどディナーのメインが焼きそばじゃどう考えても寂しい。なんかないかと駅前を散策したけど、間違ってあのマタギの店に入ってしまうのも怖い。しばらく歩くと感じのいい店構えのレストランがあった。オイスターバーと書いてある。東京じゃ入らないけど昼の海鮮ラーメンの美味さから興味が湧いて入ってみることにした。コースが千円二千円三千円の三種類。迷わず一番高い三千円のコースにした。翌日も仕事があるので生ガキは避け蒸しガキにしてもらったが、追加でカキフライを頼んでしまうほどに美味かった。三千円で海の幸堪能。いやちょっと待て、湯沢も横手もかなり内陸、海沿いの港町ではない。ま、いいか。

帰りの空港で「いぶりがっこ」を買う。口に出して言いたい言葉の上位にランク付けされるこの漬物。ついポルトガル語でありがとう「オブリガード」と言いたくなる。チーズと混ぜてポテサラに入れると、あら不思議、洋食が秋田の煙に燻（いぶ）されて国籍不明の逸品に様変わり。これも「秋田マジック」か。

いつの間にか
いぶりがっことクリームチーズの組み合わせが
珍しくなくなってる。

さらに、海苔も合うよ。

もう凧揚げはしなくなったが凧糸と猫村と猫と脂まみれの混沌

　焼豚を頂いた。ハムやベーコンはスライスしたものを買ってきても構わないが焼豚はホールに限る。まず凧糸(たこいと)をほどくところから物語は始まる。面倒な作業を消費者に課すが、これはなんだか男性雑誌の袋とじ企画を連想させる。自ずと期待感を高めるのだ。糸の先端を見極め周囲を崩さないよう慎重にほどく。多少崩れた身を試食してみると、辛口だが香ばしい。露(あら)わになった塊を薄くスライスしていく。荒々しい外見とは裏腹に身の部分は繊細なグラデーションのピンク色だ。一枚食べてみると途端に口の中で脂が溶け出し、えもいわれぬ旨味が拡がった。いかん、なんだか冒頭から官能小説のようになってしまった。

「深夜食堂」という作品群があって私は赤いウインナーが好きなヤクザの竜ちゃんという役で準レギュラー出演していた。その作品のフードコーディネーターをやっていたのが飯島奈美さん。赤いたこさんウインナーも美味いんだが、何の変哲もないインスタントラーメンがラーメン店のそれに変わるという焼豚には驚いた。たった数枚入れるだけで脂と旨味とコクと香りが溶け出して、袋麺が一杯700円のラーメンにグレードアップするのだ。レシピを聞いてからは我が家の定番となった。それからも飯島さんとは様々な現場でご一緒する機会に恵まれ、その都度通称消え物室と呼ばれる調理場におこぼれを頂戴しに伺った。私が猫を演じた「きょうの猫村さん」というドラマでは「ネコムライス」を飯島さんに作っていただいている。ある日サンドイッチを出すシーンがあった。ところが昼前に香ばしく甘い香りが現場に漂ってきた。全スタッフの集中力が著しく低下する。

そこに現れたのは余ったパンの耳を揚げた砂糖まぶしドーナッツだった。これがもう、それだけで商品化できてしまう程のレベルなのだ。小腹を空かせたみんなの、指まで舐めている笑顔が蘇る。

先ほどの頂いた焼豚が頭から離れず、近所の肉屋で塊を再び買う。こいつもとびきり美味いんだ。儀式よろしく台所で凧糸をほどき始めた。ところが猫がその糸にじゃれてきた。しかし脂まみれの手では振り払えないし、糸もだんだん長くなる。じゃれる猫と焼豚と凧糸が組んず解れつ。カオスとなる。

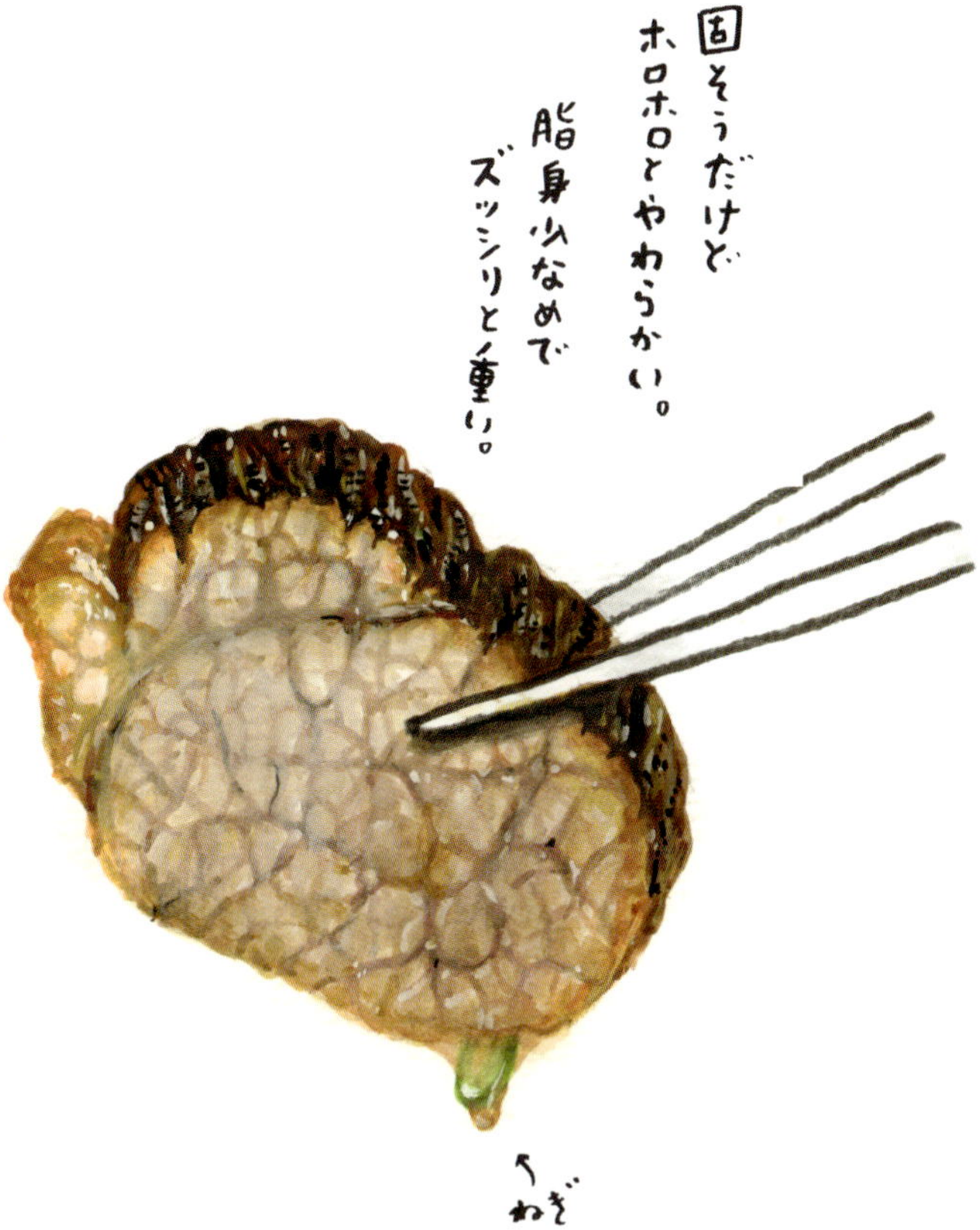
固そうだけど
ホロホロとやわらかい。
脂身少なめで
ズッシリと重い。
ねぎ

ここで一筋縄ではいかない筋金入りの筋好きの話は筋違いかな

古い話で恐縮です。それを悪びれるでもなくなってきた。それではあまりにも「クロワッサン」の読者を蔑ろにしすぎではないかとの危惧はある。しかし話題についてきてくれる層がいることも薄々感づいた。年長の兄の戯れ言を聞いていると思ってご勘弁願いたい。

今日は「おそ松くん」の話だ。最近は「おそ松さん」という深夜アニメも放送され、赤塚不二夫のギャグ漫画の普遍性があらためて再認識されている。もちろん僕は前者の「おそ松くん」に夢中になった世代。今回はそこに登場するチビ太が手にしている「おでん」に注目していきたい。△○□の三つの種が串に刺さったものを彼は常に持ち歩いているのだ。この三種が果たして何だったのかという論争は別の機会にしよう。当時の僕はただ彼の真似をしたかったのだ。しかし串刺しにされたおでんを見たことがない。おでんの鍋の中で唯一串に刺さっているのは「牛すじ」だけ、あとはきれいに鍋底に寝ている。そのうち三種を選んで串に刺しても程よく煮込まれているから、持って遊びに行こうとすると玄関で無残な姿になるのは間違いない。思案しながらひたすら牛すじを食べた。動物性タンパク質だし、なにより美味い。僕の中のチビ太は串刺しの牛すじで良しとすることにした。

東京に出てきてはじめておでん屋に行った時のこと。ここにも案の定、チビ太のおでんはなかった。「牛すじ」を注文すると怪訝(けげん)な顔をされた。「すじ」ならあるけどと言って出されたものは変わった食感の白い練り物。田舎者だと思ってからかわれたかと思いきや、実はこれが関東の「すじ」だと知らされた。サメの筋や軟骨の練り物。とんだ筋違いに驚かされる。ついでに出された「ちくわぶ」にも戸惑った。次第におでん屋に行かなくなったのは仕方のない話。

どうしても「牛すじ」が食べたかった僕は、肉屋でスジ肉を買ってきた。茹でて串に刺して他の具材と煮込む。動物性のいい出汁も出て、我が家の定番のおでんとなった。

最近は関東の「すじ」は絶滅危惧種だと聞く。牛も魚も野菜も餅すらも混在するダイバーシティなおでん。実は、まるごとトマトも僕の大好物なんだ。

ある日のおでんの具。
モロッコインゲン
トマト
牛すじ
マッシュルーム
少なくなったら
カレー粉入れて
スープカレー風に
するの。

アマミノクロウサギには会えないが長いものは巻かれる島の話

故郷福岡の仕事を時々頂ける。もう実家もなく親戚もいないので滞在はホテルになるが、墓参りの交通費が浮くのでありがたい。その帰り道、福岡空港で必ず買い求めるお土産がある。玉屋というかつて博多にもあった老舗デパートの名を冠した売店がターミナル奥にあって、そこに置いてある宮崎地鶏の炭火焼が堪らなく好きなのだ。1袋400円という手頃な価格でお土産にはもってこい。福岡なのになんで宮崎という批判はごもっとも。だから地元の「博多美人」という郷土菓子も買う。

20年程前、ドラマのロケで奄美大島に滞在していた。名瀬（なぜ）という中心部のホテルに泊まり撮影で島内各所を巡った。現場までの移動はタクシーなのだが、ある日山道の途中で車は急停止した。おもむろに運転手さんが後ろのトランクから刺股（さすまた）のようなものを取り出し、路肩の長い紐（ひも）状の物体を絡めとった。それをスパゲッティの麺を巻き取るようにして、再び後ろのトランクに収納する。ハブだった。奄美のタクシーは捕獲道具を積んでいて、役場に個体を持っていくとかなりの小遣いになると聞いた。後ろに生きたハブがいる。蛇嫌いの僕にとっては拷問に近い。

奄美大島には鶏飯（けいはん）という郷土料理がある。蒸し鶏や錦糸卵、椎茸、葱といった具を載せた御飯に出汁をかけて食べる。それはそれで美味しい鶏料理、昼食にはもってこいだ。しかし僕は、夜な夜な名瀬のホテル近くにある「風来坊」という名の居酒屋に通っていた。そこで出される鶏の炭火焼き、これに嵌（は）まってしまっていたのだ。店主が汗だくになりながら炭火と格闘し、かなりの時間をかけて真っ黒に変色した鶏。お世辞にも旨そうには見えない。しかし口に入れると容易に噛み切ることを拒絶した肉片からとめどなくニンニクの香りを纏った旨味がほとばしり続ける。なんだこれは。これこそが奄美大島の最大の名物だ。ぼくはそう確信するに至った。

帰京する最後の晩、店主にこの奄美大島最高の鶏料理をなんとか東京で食べることは出来ないだろうか、また出来れば僕が伝道師となって広めたいと懇願した。あっさり、そして恥ずかしげに彼が答えた。「『宮崎地鶏』で探せばあるかもしれませんね」。

コリコリコリ親鶏。
地元釧路のそば屋の
「かしわぬき」
黄色い脂
ネギたっぷり
旨みがすごい!!
そばは入っていない汁
大人の汁だ。

僕が美味しく食べることを誰よりも知っていたおばちゃんの話

京都には東映と松竹の撮影所があって、その作品に呼ばれたら東京から駆けつけ何日も滞在することになる。そしてあの当時は撮影所古来のしきたりに戸惑うことも多かった。その辺は以前にもエッセイに書いたので割愛するが、それとは関係なく僕の頭を悩ませていたのが食事のこと。スターと呼ばれる方々は取り巻きを引き連れて祇園で毎晩酒宴を開くらしい。しかしスターではなく、その腰巾着にもなれない僕は、適当なひとり飯を求めて連日彷徨(さまよ)い歩いた。

当時の定宿が四条大宮にあって、そこから烏丸の方へ歩いていくと小さな立て看板に「鯖煮 一嬉」と書いてあるのを見つけた。カウンター5席だけの小さな店。客は誰もいない。これは入るのに勇気がいるなぁ。スルーした。しかしどうにも気になるので引き返す。まだ誰もいない店内を覗くと、不意にカウンター奥のおばちゃんと目が合った。気まずくやり過ごして駅に戻る。しかし今日はなんとしても牛丼屋の定食は嫌だ。一か八か賭けてみようじゃないか。再び引き返して恐る恐るドアを開けた。小柄なおばちゃんが笑顔で迎えてくれた。「いらっしゃい、えらい迷うてはりましたなぁ」

そこで食べた鯖煮は衝撃的だった。醤油で甘辛く煮付けた鯖は程よく脂がのっていて白飯が進む。メニューは鯖煮定食と日替わり定食のふたつだけ。日替わりもおばちゃんのアドリブ満載で飽きが来ない。それから毎日通うようになった。おばちゃんは自分が美味しいと思ったものを誰かに食べさせたい一心で生きているような人だった。仕事で京都へ行く機会が少なくなってもおばちゃんは美味しいものを見つけては僕に送ってくれた。河内晩柑（かわちばんかん）、豆大福、豚饅、ホワイトレーズン、その守備範囲は多岐にわたる。

あれから四半世紀。店を引き継いだ息子から知らせが来た。おばちゃんにガンが見つかったがもう手遅れらしくホスピスに入院するという。慌てて電話すると意外に元気だ。食欲がなくても美味しく食べられる麺を見つけたんだと嬉しそうに言う。次の休みに京都に見舞いに行くことを約束した。しかしそれは叶わず、見舞いに行く前日の夜、おばちゃんは亡くなった。おばちゃんから最後に送られた「半田麺」を茹でてみた。うん、これまた、抜群に美味しいよ、おばちゃん。

薄切りと
千切り、
しょうがを
たーっぷり。

蒲焼きで食うべきか白焼き山葵で食うべきかそれが問題だ

ウナギの大群にもみくちゃにされながら殺される男というのを演じたことがある。浜松の養鰻場(ようまんじょう)で犯人役の僕がそこに落ちてウナギとともに果てるというシーンを狙ったのだが、繊細なウナギ達は大暴れせずに底で息を潜めていたため、実に地味な死に様になった。でもおかげでトラウマにならず今でもウナギは大好きだ。

「鰻は吉塚うなぎに限る」と口癖のように言っていた博多っ子の父親だったが、その福岡の名店にはただの一度も連れて行ってもらったことはなかった。そりゃ鰻は贅沢品だが、実の子に食わせるのも惜しいとはいかがなものか。新天地東京でそこに匹敵するような特別な店に出会う必要がある。そう思って飛び込んだのが「下北沢の野田岩」だった。当時はまだ天然物も供されていたのか、「肝に釣り針ご注意」なんて文字に胸が高鳴る。確かに鰻重は高価だが、自分へのご褒美としては申し分無い。寿司、焼肉、フレンチ等数ある中で僕は鰻派を自認することに決めた。しかしその後芝居にのめり込むにつれ、褒美にはなかなかありつけない貧乏生活が続いていく。そんな中、舞台「ハムレット」をやった時にあるフェンシング指導の先生と出会う。本職は鰻職人だった彼に、一度食べにおいでと言われて行ったのが「神田きくかわ」だった。久々の鰻に心躍ったが、フェンシングと鰻との関係を問うた僕に「どっちも刺すモノだろ」という先生の答えで、味の記憶がぶっとんだ。

　とにかく鰻は特別だ。スーパーで買ってチンして食べるなんてもってのほか。まして牛丼屋で「うなぎゅう」なんつって牛と一緒に乗せられるウナギの気持ちになってみろってんだ。年に一回いや数回、焼き上がりまでの数十分、芳しい香りと共に自分の努力苦労無念も成仏させて、出来上がりを一気にかき込み、全てを忘れて明日に向かう。そんな食いもんなんだ、うん。

ちなみに墓参りで福岡に帰った時は必ず「吉塚うなぎ」に立ち寄り鰻重に舌鼓をうつ。亡き父を想って重箱の蓋の上に鰻の一切れをお供えして。なんてことは一切しない。重箱の隅まで舐め尽くす。食べ物の恨みも特別根深いのだ。

おかわりするもんじゃないし、
肝は一つしか入っていないし、
冷めないうちに食べたいし、

肝吸いは、
とてもはかない。

ある年齢以上の人は刺身のサーモンが実は苦手だと思うが如何

ほか弁という温かい弁当を売る店が至る所に出来た'80年代、僕らの昼食も格段の進歩を遂げた。しかし唐揚げや焼肉などのハイエンドなものを選ぶ余地は無く、最安値260円ののり弁シャケ弁の二択だった。かたや白身魚のフライと竹輪の磯辺揚げ、一方の焼き鮭と人気を二分していた。しかし九州育ちの僕には鮭そのものに馴染みが無く、ほぼ毎日のり弁で通した。

一日も早くのり弁生活を卒業したかった'90年代、NHKから大河ドラマの仕事を頂く。はじめて歴史上の人物を演じるにあたってその吉川元春という武将の逸話を調べた。有名な毛利元就の三矢の訓、その次男に当たる猛将だ。彼の死因が合戦や戦場での華々しいものでは無く、頂き物の鮭に当たって死んだという事実に驚く。今はゲンを担ぐことなど皆無だが、当時の僕はそこから約1年、鮭絶ちを敢行した。

シャケ弁の鮭が実はマスだったという事実が世間で取り沙汰されるようになった2000年代、鮭漁師の役が来た。北海道の釧路を舞台にした映画『ハナミズキ』。実際の定置網漁を体験することになった。午前2時の出航に合わせて漁港に集合した僕らは酔い止めを飲み、緊張と期待で眠気を吹き飛ばす。1時間ほどの航海で漁場に着き、追い込んだ鮭を巨大なクレーンを使った網で船倉に運び込む。しかしその数が尋常では無く、入りきれずに漏れた鮭が甲板のいたるところで跳ねている。彼らを船倉に戻すのが僕らの役目だ。獲れたての鮭はでかくて太くてヌルヌルし、且つ激しく動く。摑まえたと思っても全身で烈しくイヤイヤをして逃げていく。

月とは言え北の海の寒さは堪える。船倉に全ての鮭を押し込めたころには疲労は極限に達していた。帰路、朝日が昇り始めた船上で、牧場のミルク缶に入った牛乳をタライに移して温め、粉末コーヒーで溶いて皆で飲んだ。その素晴らしい光景とともに忘れられない一杯であることは間違い無い。港に着いて、その日一旦帰ることになった僕に鮭を丸ごと一尾お土産に持っていけと皆が言う。有り難かったが丁重にお断りする。1メートルはありそうな見事な鮭を目にした女房のパニックを想像したからに他ならない。

こどものころの
おやつの一つは、
鮭とばだった。
むしる。
皮はストーブの上で
カリカリに焼いて食べる。

尻にペッタンとシールを貼られた屈辱を思い出すような鯖の話

東京湾アクアラインが出来てから房総方面のロケが格段に増えた。館山なんか、以前は宿泊しなければならないスケジュールだったが今は日帰りだ。帰り道、内房の港から見る富士山。これがまた絶景。下手すると西伊豆で見る富士より美しいとさえ思える。夕暮れの見事な赤富士を眺めたあと、僕は保田の干物店に向かう。これが房総ロケお決まりのコースだ。

提灯屋（ちょうちんや）という漁港の小さな干物屋なのだが、そこの鯖の干物が絶品なのだ。とにかく脂がのっていてジューシー。焼いている最中、これでもかと脂が滴り、魚焼きコンロを油まみれにする。掃除のことなど考えず大根おろしと共に貪りつく。あぁ、やっぱり鯖が好きだ。

子供の頃、週に一度は鯖を食べていた。しかも生で。福岡ではすりごまと醤油で生の鯖を和えて御飯に載せて食べる「ごまさば」という料理がある。最初はそのまま、後で茶漬けにして食べる。郷土料理と知るよしもない子供の頃から身近なおかずだった。それが東京に来ると鯖は生食がタブーだと言われ、酢で締めたしめさばを食わされた。しかしどうにも美味くない。数十年経ち、輸送手段や冷凍技術も格段の進歩を遂げたはずなのに、今も東京で生鯖は手に入らない。福岡に帰れば食べられる。その理由が定かでなかった。

ところが先日韓国に行った折、コーディネーターの李さんと話していて驚いた。李さんの故郷済州島でも鯖は生食されるというのだ。李さんが言うには対馬海峡あたりで獲れる鯖と太平洋で獲れる鯖には魚体に潜む寄生虫の習性に大きな違いがあるそうだ。

生の鯖にはアニサキスという悪名高い寄生虫がいる。それが人間の胃に入ると胃壁に刺さり強烈な腹痛を起こす。彼らは宿主の鯖が生きている時は内臓にいる。ところが宿主が死ぬと身の部分に移動して結果悪さをする。ところが日本海側のアニサキスは殆ど内臓に留まったままだというのだ。だから適切に内臓さえ処理すれば生食のリスク（ゼロではないが）は避けられる。

いずれにせよ、獲れたてを食べるには産地に行くしかない。それまでは房総の干物で良しとしよう。それもなければ鯖味噌の缶詰で我慢するか。しかし済州のキムチ生鯖も気になるなぁ。

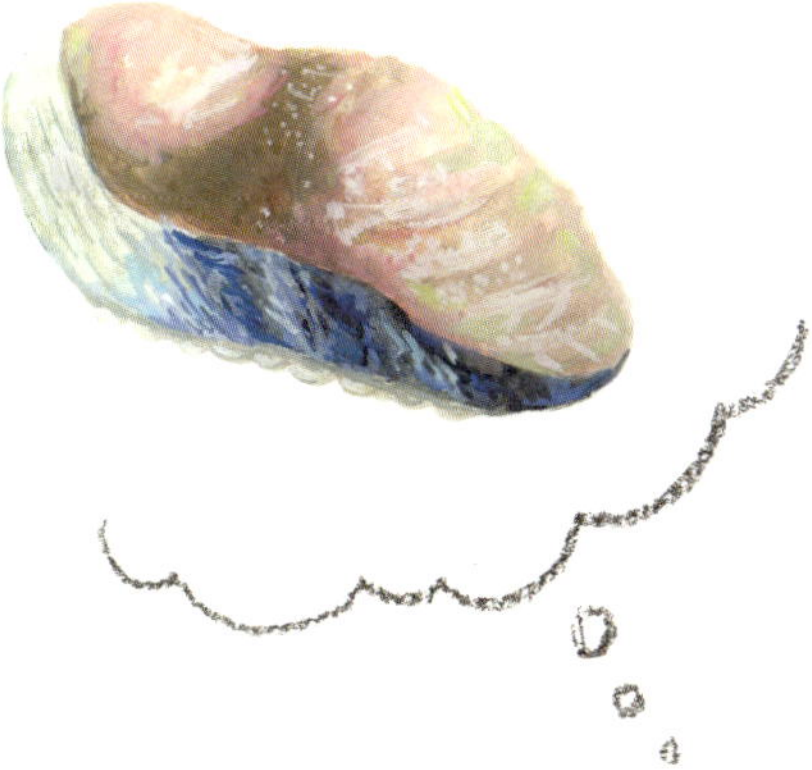

高校生のころ、
授業中に
こっそりノートに描いた
大好物の
近所のお寿司やさんの
「〆さばにぎり」

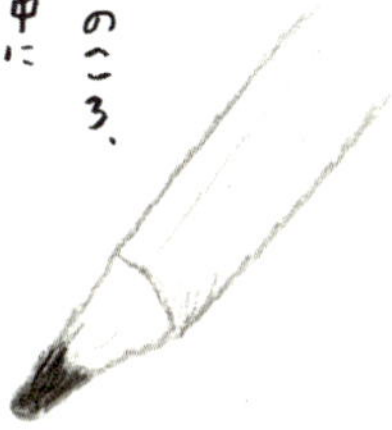

これが食べものを
描くきっかけに
なったと思う。

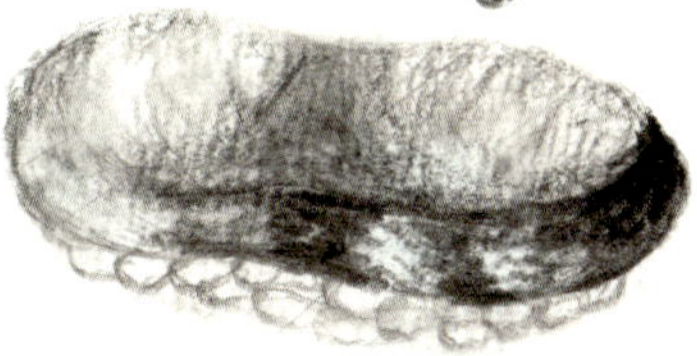

ゴマはするわ油は売るわ、とんでもない全州の画家のはなし

神保町古書店街の九段下寄りに矢口と豊田という演劇専門の古書店があった。大学の授業は受けた記憶が曖昧なほどの劣等生だったが、専攻科の図書室には貴重な蔵書があってそれだけを目的に御茶ノ水に通っていた。しかしそこでも見つからない戯曲集などは古書店に行って漁るのだ。唐十郎の角川文庫絶版などは確かそこで見つけたはずだ。無い金叩いて古書を買っても腹は減る。そんな時の強い味方が「いもや」だった。天ぷら専門と天丼専門の2店舗展開でいずれも500円均一。苦学生やサラリーマン

が列をなす名店だった。大きな天ぷら鍋からゴマ油の香りが神保町界隈に漂い、僕らはただワンコイン握りしめ列に並ぶのだった。天ぷらはゴマ油で揚げるというのもここで知る。

時は移って2018年、ソウルから車で3時間弱のところにある全州(チョンジュ)に行った時の話。美食の街と言われるだけあって口にするもの全てが旨い、中でもビビンパの美味さは格別だった。自由時間に市場を散策していた僕らは、ある小さな店に目がとまる。酒落(しゃれ)た店内で売っているのはゴマ油。コーディネーターの李さんが話題にしていた店に違いない。お土産用に何本か買って帰ることにした。梱包してもらう間に店に飾ってある絵は主人が描いたものであること、その主人が店の裏手でゴマを搾(しぼ)っていることも聞いた。慌てて見に行くとおじさんが胡座(あぐら)をかいて文字通り油を搾っていた。空輸用の瓶詰めではないのでホテルで厳重に梱包しなおし日本に戻った。その日から僕らはそのゴマ油なしの生活が困難なほどになる。冷や奴に一滴垂らすだけで大豆に花が咲いたかのような芳香に包まれるのだ。

海外渡航が困難なので（2023年）全州のゴマ油は切らしたままだが、詮ないので我が家の常備菜を書き記しておこう。近所のオーケーというスーパーで有機栽培の高菜漬けを買ってくる。しっかり絞って細かく刻みゴマ油たっぷりで炒める。醬油酒みりんを少々、最後に煎りゴマとやげん堀の輪切唐辛子をたっぷりと。高菜のゴマ油炒めの完成だ。これは僕の担当で食卓から切らさぬよう細心の注意を払っている。

おかわり、
おかわり、
次の日、
後悔しても
止まらない。

軟白ねぎ、
こだわりの塩
そして
上質なゴマ油。

日本では海賊より山賊の方が美味い物を食ってるに違いないが

海賊と聞いて何を想像するか。僕はひょっこりひょうたん島のトラヒゲの絵が最初に飛び込んでくる。申し訳ない、これに賛同してくれる読者層はそう多くないと思っている。じゃあ、黒ひげ危機一発のあのキャラクターならどうだ。あれも立派な海賊には違いない。しかしそもそも彼を救うために刺しているのか、懲らしめるために刺すのか実に曖昧なロングセラーおもちゃだ。

若い人なら「ワンピース」や「パイレーツ・オブ・カリビアン」だろう。

間違っても「倭寇（わこう）」や「村上水軍」の類いではない。どこか冒険ロマンの風が吹く。余談だがジョニー・デップも今年（2023年）還暦だ。ついでにブラピもしかり、皆筆者と同じ歳なのだが、驚きの声が聞こえてくるようで、実に癪（しゃく）にさわる。

食べ放題のことを広く日本ではバイキングと言う。どこかのホテルでそう呼びはじめて一般名詞化したらしい。そういえば海賊のシンボルとも言えるマーク。ドクロの下は必ず骨がクロスしたものが描かれる。あれはスペアリブを食ったあとのあばら骨ではなかろうか。俺達は海賊だが海産物だけでなくラムチョップやスペアリブ、チューリップ唐揚げなんかも好きなだけ食べているんだぞとアピールしているような気がしてきた。だから海賊がバイキングの語源由来と言われているのにも納得。

そんな僕はホテルの朝食バイキングが堪らなく好きだ。しかしどこのホテルでも全ての料理が素晴らしいとは限らず、必ず得手不得手がある。それを見極めるのが旅慣れたバイキンマンだ。まずはジュースコーナーに向から。その地の旬の果物を搾ったピッチャーがあれば正解。次にサラダコーナー、地場野菜があればだが、無くてもドレッシングを見極める。自家製こだわりのものがあれば正解。これらが残念だった場合は諦めて和食に回り、漬物のコーナーに行く。量販店に並んでいるようなものだと失格。地場漬物があれば良し。あとお釜の御飯と味噌汁の香りを確かめる。これら全てが合格点であれば何食っても良し。落第点であればせめて卵料理だけは外したくない。その場で作ってくれるオムレツコーナーに向かう。新米コックさんが作る最中もトレーを持ったまま海賊のように睨(にら)みをきかせている僕がいる。

連鎖の朝
朝はお粥だけで
と思っていたら
いくらを見つけて
少し食べて、
「体がウコンを必要としてる」と
カレー食べちゃって
もうこうなったらと
クロワッサンを
オーブンで焼いて
〆ました。

三文役者の考えるコロッケ1個あたりの正当な価格とは

コロッケを主役に据えてひとつ作品を作ってくれないか。ある北海道の農業法人からの提案にドラマプロデューサーは頭を抱えた。もちろんものまねの巨匠のことでは無い。圧倒的な知名度を誇るおかずではあるのだが、常に副菜的な配役に甘んじてきた国民的名優の話だ。明治時代から活躍する彼は洋の東西を問わず、あらゆる局面で我が国の食卓をも支えてきた。しかしいまだに表だって夕食のメインの座を任されたことは無い。だからギャラも安く抑えられている。同業他種のメンチカツは動物性たんぱくの持つ強みからか吉祥寺ではファンが行列をなす存在だと聞く。他業同種のポテトサラダでさえ、いまや居酒屋の主役に躍り出てインスタで映える存在感を発揮している。なんとかコロッケも令和時代にひと花咲かせてあげられないものか。そういう脇役たちをかき集めてバイプレイヤーズ的な作品ならどうだろう。同業他種の鯵(あじ)フライやイカフライらに声をかけた。しかし蟹クリームコロッケが「キャラ被(かぶ)り」を懸念し所属事務所からの申し出で降板、4人が揃わなくなった。仕方無く他業同種を集め「イモでどうでしょう」という企画書を書いた。北海道のクライアントの受けも念頭に置いてのことだ。ポテトフライや肉じゃがなど魅力的なメンツが集まったが、不用意にキャスティングした「イモ天」が唯一サツマイモであることが発覚。本人達や鹿児島サイド含め何も問題は無いとされたのに、里芋が選に漏れたことが問題視される。山形県が「芋煮」をごり押ししてきて全体のバランスが崩れ、またもや企画倒れになってしまった。

まくらの部分で多くを割いてしまったが僕がコロッケが好きだというこ

とはお分かりいただけただろう。物価の優等生コロッケは安い。貧乏同棲時代、下北沢南口商店街の肉屋に4個100円のコロッケが売っていた。しかもプレーンとカレー味を組み合わせることが出来た。あの時代を支えてくれた2種類のコロッケはいつも我々の食卓の主役だった。

40年後、今も我が家の夕食にはコロッケがある。1個250円の贅沢なものを二人で分け合って食べている。

熱々も
つめたいのも
それぞれ
おいしい。

カニ
クリ
コロ。

そのまま→ソース→そのまま→醤油の繰り返し食べ

吉祥寺北口徒歩15分風呂無
トイレ共同4畳半一間2万3千円

今日が休みで特に予定もなく、たまたま女房も出かけていて家でひとり。そんな午後にふらっと出かける場所は決まって吉祥寺。上京してきたときに初めて暮らした場所。たった2年しか住んでなかったんだけど、そのあと暮らした下北沢の変貌ぶりが半端じゃない。昔の面影が皆無と言っていいほどでいまや道にも迷う。それに引き換え吉祥寺はハモニカ横丁からして健在だ。

北町に住んでいる大学時代の友人のナカヂマ君を訪ねる。学生時代は新聞奨学生。小説家を志望して就職せずにコンビニのアルバイトで食いつないでいる。ここが過去形になっていないのがみそ。読者は驚いていいとこだ。

ノックするとゴミ置き場のようなアパートの一室からのっそりと這い出してきた。夜勤が多いから電話に出なくてもこの時間はほぼ寝ている。「久しぶり」。頭の薄さは気になったが血色はいい。武蔵野辺りのコンビニで夜中働いている店主と思しき老人、実はバイトのナカヂマかもしれない。ヤツが着替えるのを待ってふたり並んで喫茶店に向かう。ナカヂマの服から、当時の新聞屋の寮の黴くささが漂う。鼻腔から1980年代が蘇る。

年に6回ほど新聞休刊日があった。そんな日はふたりでオールナイトの映画を観て始発で帰った。夜明け前の商店街、お年寄りが行列を作る店があった。「小ざさ」という和菓子屋。羊羹限定150個。こんな朝早くから物好きもいるもんだなぁ、というのが20代の頃の印象。いまもその店は健在だ。

その店を横目にちょっと行った先の地下にある「くぐつ草」という喫茶店に入る。ここも当時のままだ。珈琲とケーキ、そしておしゃべり。ナカヂマは俺の作品を漏れなく観ている。そして容赦ない批判を浴びせてくる。ぐーの音も出ない。貴重な時間。

店を出て別れると行列が見えた。「さとう」という肉屋のメンチカツだ。ここも当時からある。年に一回2階で肉を食っていた記憶がある。よし、今夜のおかずに買っていこう。列は「小ざさ」の前まで伸びていた。この時間、羊羹(ようかん)はもちろん無いが最中(もなか)は売っている。こうなりゃ食後のおやつも調達だ。

吉祥寺に来ると昔と今が繋(つな)がれる。

ちなみに今年の誕生日、娘婿が朝から並んで「小ざさ」の羊羹をプレゼントしてくれた。やっと、あの時並んでいた老人とも繋がったようだ。

玉ねぎの甘み　のりの香り

のりメンチ

近所のお弁当屋さんの大人気おかず

いつも なんとなく
千代の富士をうかべて
食べる

ガラス越しかぶりつき涎まで流して見続ける官能的な光景

子供の頃、電車に乗る時は必ず先頭車両で運転手の一挙一動を観るのが楽しみだった。母親の買い物で福岡の中心街天神に向かうチンチン電車の中ではガチャガチャとマスコンを動かす運転手の所作に釘付けだった。到着した大丸デパートでは母親と別れて地下の食品売り場に向かう。そこにかつてあった小さな饅頭(まんじゅう)工場とも言うべきコーナーが目当てだ。生地を絞り出し型に入れ、焼きながら白餡(しろあん)を投入し、反転して焼き上がり面に焼き印を押して出来上がるという一連の流れ作業を実に見事にショウアップして見せる全自動機械だ。その延々と流れる光景をいつまでも眺めているのが楽しかった。乗り物も食べ物もそのプロセスに興味津々の昭和の小学生。

大人になった今、最寄りの東急線は地下を走行しているため運転席がシャッターで閉められてしまって楽しくない。だから専ら車移動の生活になった。もはや電車も新幹線ぐらいしか乗らなくなったが、「のぞみ」の先頭に行っても車内販売のカートが反転するだけで特別楽しい場所ではない。そんな中、僕の興味の対象は関西圏のお土産で有名な551の豚まんに向けられた。京都駅にも新大阪駅にもある。人気があるから並んで買うのが当たり前なのだが、その時、ガラス越しに目に入るのが豚まんの製作工程だ。職人が皮をのばす、餡を包む、丸めてひねって蒸し器の中へ。その一連の行為が私の忘れていた何かを呼び覚ました。これは機械ではなく全てが人力のアナログな作業だ。いつまでも観ていられるし観ていたい。しかし列が進むと購入してその場を離れなければならない。何時間もガラスに貼り付いて観ていられたあの頃と今の自分を鏡で見比べてみる。

悔しいので飛行機に乗って台北に行こう。着いたら即行で鼎泰豊（ディンタイフォン）に向かおう。並んで待つのは当たり前、1時間待ちなんてざらなのでずっと観ていよう。小籠包を包むお兄さん達の所作一連を眺めているだけで僕は心が満たされていく。全てのプロセスを経て、レンゲに乗せた小籠包から染み出る肉汁を想像する。ああ、この工程がたまらんのだ。

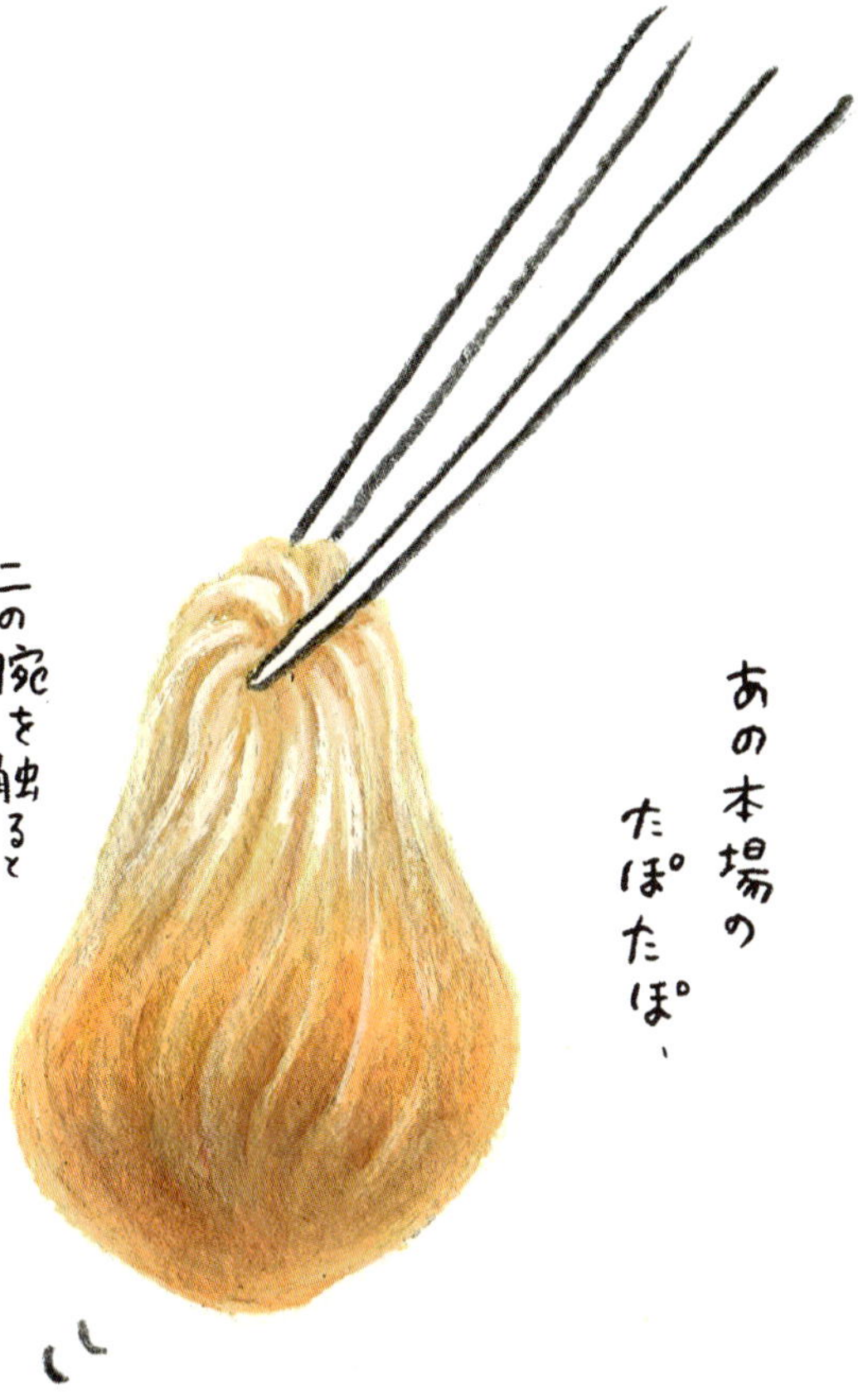

あの本場の
たぽたぽ、

二の腕を触ると
思い出す。

また行きたいな。

史上最悪の衣装を纏ったヒロインは全裸になって卵液に沈む

椎（しい）の実というものをご存じだろうか。外見はほとんどドングリのそれで、煎って殻を割って中の実を食べる。昔縁日に行くと売っていて僕の好物だった。今のようにスイーツに溢（あふ）れた時代から見れば極めて地味なおやつだが、ちょっとした中毒性もあって飽きないのだ。その出店では横にギンナンも売っていて独特のにおいを放っている。椎の実よりもかなり高価で子供が買える代物ではなかった。別の店で大仰に売っていた甘栗などは、貴族か公家のおやつだとしか思えなかった時代の話。

毎日の犬の散歩で6キロほど散策する近所の公園には所々にイチョウ並木がある。季節になると黄色く色づき、まるで衣替えを促すサインのようだ。その少し前、雌の木からは夥しい数のギンナンの実が落下し、辺りに独特のにおいが立ちこめる。うちの犬がこのにおいに反応し食べようとする。発酵臭、いやウンコ臭が彼らの鼻を狂わせる。注意深く散歩させているが隙を見て食べたのか、帰路でえずいて吐き出すことがまれにある。人もまた、その実を目当てに早朝からギンナン拾いに集まるようで、においと皮膚炎の元になる外側のヌルヌルをその場に放置していく人もいて閉口する。犬も人も狂わせるなにかがギンナンにはあるのだろうか。

ギンナンと言えば茶碗蒸し。茶碗蒸しが好きだ。今では回転寿司の箸休め程度にしか思われていない現状に私は深く憂慮している。長崎に茶碗蒸しの専門店がある。吉宗と書いて「よっそう」とよむその店は江戸末期の創業で、門構えからしての老舗だ。中華や南蛮渡来の食べ物のイメージが先行する長崎にあって「茶碗蒸し」を看板に、現代まで支持を集めてきたことに驚嘆する。この「茶碗蒸し」、海老や鶏肉や魚が主役かと思いきやそうでは無い。ましてなるとや椎茸、あるいは卵液そのものがメインだとも言えない。満を持して出現するギンナンこそが主役だと僕は信じて止まない。器の底に沈んだ彼女をレンゲで掬いだした瞬間にスポットライトがあたりヒロインの登場を告げる。たまに2個ある。ダブル主役に観衆は歓喜する。最近東京の支店が復活すると聞いた。器の中の美女に会える日も近い。

椎茸とみつばのみ

大きな器で
たっぷりと
おうち
ぜいたく。

還暦過ぎても腐らず発酵を続ける消費期限の長い俳優になろう

西瓜（すいか）を一玉買うというのはなかなか難しい。昔は川や井戸でまるごと冷やして食べるからよかったものの、最も冷蔵庫が忙しい夏にあのスペースを確保するのは無理だ。おなじく白菜もしかり。半玉や1／4玉で買うのがデフォルトになった。でもでっかい個体を買ってきて、使う分だけ外側から1枚ずつ剝がすのも長持ちするし美味しいらしい。そういや、たまには白菜漬けでも作ってみたいな。自家製のものが徐々に酸っぱくなっていくのがたまらなく好きだ。キムチも野沢菜も高菜漬けも酸っぱくなってからが食べ頃だと思っている。そういう意味ではこれらの製品の賞味期限はあって無いがごとし。古漬けで乳酸発酵の進んだものこそ、本物の漬物といえる。あくまで僕個人の感想。

そんな酸っぱい白菜の鍋料理が台湾にある。コロナ禍で何年も行けてなかったが、昨年番組で沖縄ロケがあった際ついでに台湾へ行くようゴリ押ししたらまんまと企画が通った。実は向こうにしか売っていないリップクリームを買いたいという極めて個人的な欲望を満たすためだ。台北の自然食スーパーに並んでいる何の変哲もないリップクリーム。商品外装も説明の紙が貼ってあるだけのいたってシンプルなもの。一個300円ほど。嵩張らずバラマキ土産には最適だ。成分も天然素材のみを使っているせいで使用期限は1年。これまた長らく延長して使っていたが、ようやく更新出来る。とにかく使用感が抜群で伸びがよく薄荷の仄かな香りが心地好い。これを使ったら他に浮気できない。同じ会社の洗髪用固形石鹸も素晴らしい洗い心地で他の追随を許さない出色の出来。日本ではどうやっても手に入らないのだ。

沖縄から台北へは飛行機であっという間。一泊二日の強行軍だが久々の台湾に胸が躍る。「酸菜白肉鍋（スワンツァイバイローグォ）」、発酵した白菜と豚肉を調合したタレで食べる絶品鍋。白菜の酸味が満腹感を忘れさせ無限に食える。火鍋は日本でもあたりまえに食えるのにこの発酵鍋は現地に行かないと食えない。満喫した。

その翌日、帰国の前に件（くだん）のスーパーに向かう。リップクリームと洗髪石鹸を大量にカゴに入れた。レジに並んでいる時にふと思いだして漬物コーナーの棚に向かう。あったあった「酸菜」と書かれたパック詰めの白菜漬け。よーし、あとは「佳徳（チアーダー）」に行ってパイナップルケーキを買えば台湾コンプリートだ。

大大大好物の
韓国人のお友達がつくる
生牡蠣入り白菜のコッチョリ。

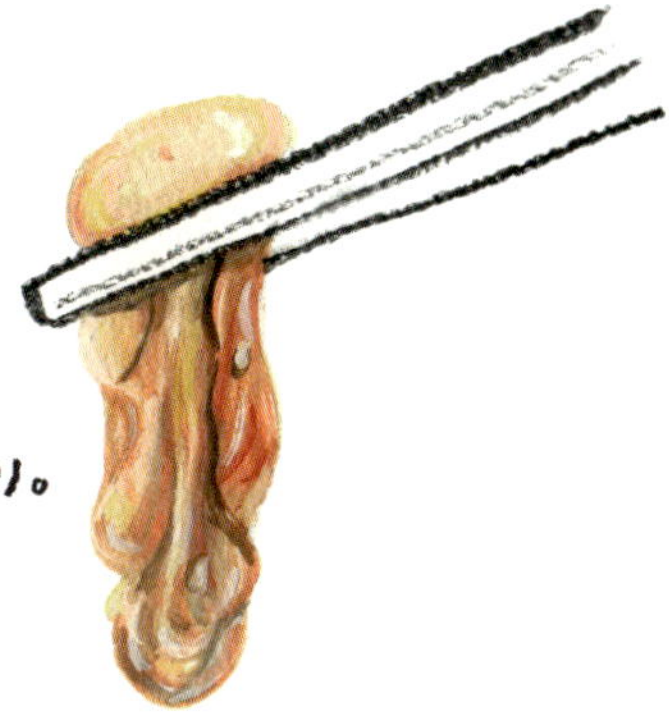

丸か四角か好みだが最近は黴を削って食べるのは不可だそうだ

その日、スタジオに着くと、助監督3人が体調不良で来られなくなったと告げられた。昨日の撮影後、打ち合わせを兼ねた飲み会で食べ物にあたったらしい。代わりのスタッフを呼び撮影は変わりなく進められるそうだ。しかしなぜかその後も各部署で具合が悪くなる人が続出し、その都度助っ人が呼ばれ、次第に現場には見知らぬスタッフが増えていった。午前中の撮影を終え、録音部の女の子にピンマイクを外してもらいながら「ホラー映画みたいだね」と話しかけたら、なんと、いきなり彼女がぶっ倒れた。

別にオカルトものを撮っているわけではない。楽屋に戻ると主演女優も病院に向かったと聞き、午後からの撮影は中止となった。

原因はノロウイルス。前日の夕飯で配られた弁当が主犯だった。僕は運良く夕食前に帰宅していたし、幸いスタッフ・キャストも誰も重症化せず大事に至らなかった。今なら大々的に報じられても仕方のない事件だが、弁当屋さんも衛生管理を徹底すると誓い、穏便に済まされた。ウイルスもまだ身近でない10年以上前の冬の出来事。

これまでどれだけ弁当を食ってきたかなぁと思う。僕の身体の半分はロケ弁で出来ているかと思うと……。食中毒も怖いし、殺菌防腐処理されているというのも不安だ。冷たい飯は真冬のロケでは喉も通らない。せめて家に帰った時くらいは温かいものを食べたい。家族みんなが揃った時ぐらい湯気ものをつつきたい。なのにお正月は「おせち」と相場が決まっているではないか。僕は冷たい「おせち」が嫌いだった。しかし「おせち」には「お雑煮」という恰好(かっこう)の相方がいてくれる。

というわけで今日はお雑煮の中の「お餅」に焦点を当てたい。餅という奴は温かい状態でないと食べることが出来ない存在だ。冷めても食べられる他の物と違って冷めたら石の様に固くなり咀嚼（そしゃく）を拒否する。つまり出来たてを食うことを強要する。しかも煮ても焼いても最適な状態に戻るから便利だ。

ちなみに、鏡開きの餅は短冊状に切ってフライパンで油炒めし、ピザ状に伸ばして醤油をかけて食べるのが美味いのでぜひお試しあれ。あ、そういえば餅にあたったという話は聞かないよなぁ。

子どもの頃見た
母の踵を
思い出す。

若い鴨が二羽オートレース場で世の理不尽について憂えている

賭け事は好きだ。パチンコやパチスロ、その他もろもろに至るまで。でもけして強くはない。いやむしろカモに近い。理論的ではなく、流れを重視するタイプのギャンブラーの勝率は低い。圧倒的に後者の僕はそもそも賭け事には向いてないのだと思う。それでも葱を背負った鴨のような僕は修羅場を渡り歩いた。しかし二十代の後半、家庭を持ったことできっぱりと足を洗った。芸事で生計を立てられるか否かの賭け事だけに集中しようと思ったからだ。

そんな覚悟ができるより前の話、僕はひょんなきっかけで狂言を習った。ある芝居の劇中劇に必要だったからだが、その先生が実に面白かった。野村耕介さんという名前の通りの狂言師。名門の家系なのだが若気の至りでやんちゃの限りを尽くしてきた人。ようやく腰を据えて狂言に取り組もうとした頃に僕と出会った。だから真面目に狂言を教えてくれるわけでもなく、さっさと切り上げて飲み屋に連れ出される。この3つ上のやんちゃな狂言師に僕はたいそう可愛がられた。休みの日には北関東のオートレース場に誘われる。小遣いを1万円くれて好きに賭けろという。素人の若造が勝てるわけもなく、あとは先輩と場内で焼酎をちびちびやりながらだべった。話題は辛辣な演劇評や映画評、古今東西の劇作家や監督や俳優をこき下ろす、その弁舌がさわやかでゲラゲラ笑った。帰り道、酔った先輩が俺の弟子になれと言った。一瞬魔が差しそうになったが「いやです」と言ってふたりで笑った。

先輩はその後、野村万之丞（まんのじょう）を襲名し狂言の枠に留まらない画期的なパフォーマンスをプロデュースする希有（けう）な存在となった。しかし、いつかご一緒したいという僕の夢は叶うことなく、２００４年に44歳の若さで亡くなられた。

ある日のそんな北関東。とある蕎麦屋に入って度肝を抜かれた。「きざみ鴨せいろ」。鴨の油たっぷりの温かいめんつゆに蕎麦をひたして食べる。鴨南蛮とは違って、細かく刻まれた鴨肉の食感と熱々の脂の旨味が冷たい麺と絡んで堪らない喉ごしだ。発祥は横浜らしいが早速家で真似して作ってみる。

鴨肉はなるべく冷凍でない皮多めのモモ肉を用意する。めんつゆを煮立たせたものに細かく刻んで入れ、丁寧にアクをとる。あとは蕎麦をゆがいて出来上がりだ。冷と温、伝統と革新、オートレース場の先輩の笑顔を思い出しながら食べる。

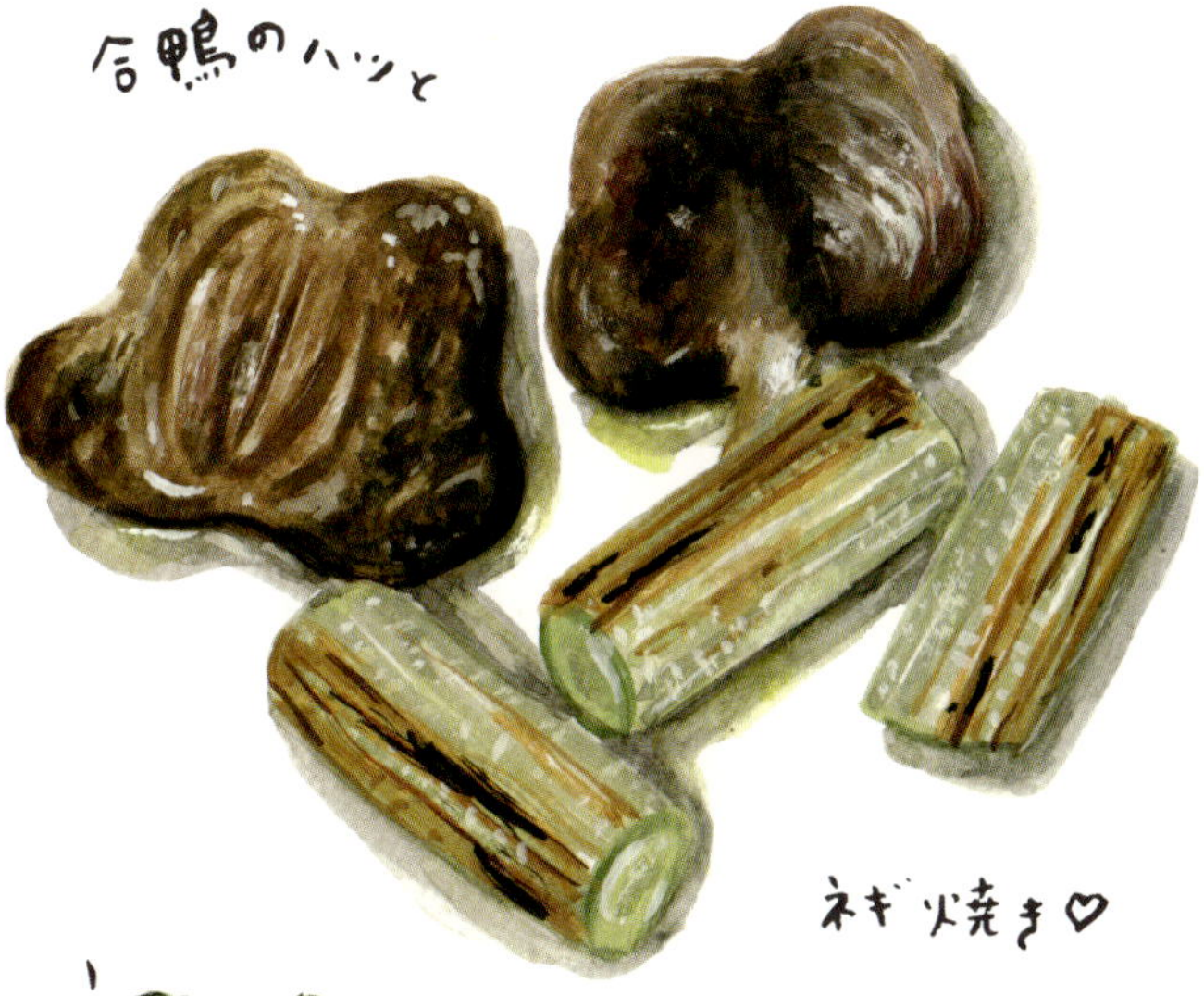
合鴨のハツと
ネギ焼き♡

鏡に映った自分を見て…ハッとする

鴨出汁の年越し蕎麦が心底好きな私から心を込めた良いお年を

今年で年賀状を出すのは止めにしようと思ってから、もう何年経つだろう。1枚1枚思いを込めて毛筆と万年筆との二刀流でしたためる。年末のイベントとして悪くは無かった。しかしもはやメールやラインで良いだろう。でもなぁ、こないだ新しい万年筆を買っちゃったしなぁ、珍しいインクも試したいし。やっぱり今年も50枚ほど買っといてもらおうか。

博多駅の博多口を出て左手にかつて博多郵便局の大きな建物があった。いまはKITTEという商業施設になっていてその面影もないが、全く無関係なわけでは無く、その名前から日本郵便が展開している場所であることを表している。高校時代、僕はここで年賀状配りのアルバイトをしていた。メールもラインも携帯も無く、誰もが来た年賀状の分厚さを競っていた時代。当時の高校生にとって、郵便局の繁忙期を補うアルバイトは小遣い稼ぎにうってつけだった。普段はひとりの局員が仕分けと配達をこなしているが、この時期だけは局員は仕分けに専念して、配達をバイトに委ねていた。初日、ウルトラセブンのモロボシ・ダン隊員似の局員と配達コースを確認する。町工場の多い下町を担当することになった。自転車配達なので坂が多い場所だと閉口するが、全く平坦なコースで安心した。楽勝だと思われた。ところが年末、町工場が休みになると、そこでおとなしく飼われていた犬が豹変した。当時犬は殆ど外で飼われていて鎖に繋がれていた。その犬をかわして郵便受けに投函しなければならないのだがガウガウ来る。噛まれはしないが膝頭ぎりぎりまで来る。錆びた鎖も信用出来ないので翌日僕は自宅から食パンを持っていった。投げたら食べた。安心して通ろうとするとガウガウ来る。食べたくせに来る。

そんなことがあったんですよと蕎麦屋でダン隊員に打ち明けた。冬休みのバイト終わりに彼が労ってくれたのだ。うどん圏の博多で蕎麦屋、そこで初めて天ざるを食った。大根おろしをそばつゆに入れて揚げたてのエビ天を頭から突っ込み食う。こんな美味いものがあるのかと驚いた。来年も必ずバイトに来ます。また天ざる食いたさに、ウルトラセブンと約束を交わすのだった。

どんどん好きになる、
お酢と生姜が効いた
釧路の
「そば寿司」。

蕎麦が緑色なのは、
クロレラ入りだから。

長崎は今日も雨だし傘が裏返る程の風も吹いてきたようだ

今年の誕生日に傘を頂いた。立派なコウモリ傘だ。さていつ差そうか。新品の傘を早く差したくて雨が待ち遠しかった頃を思い出す。「こうもりがさ〜の〜しゅうぜんはいかがでしょうか〜♫」拡声器を鳴らして傘の修理屋が街を巡回していたあの頃が懐かしい。そう、かつて傘は壊れれば直して使うほどの貴重品だったのだ。現在、自宅の傘立ては、どこで買ったか貰(もら)ったか、はたまた見知らぬ誰かのか、出所不明のビニール傘に埋め尽くされている。

そんな傘、強風に煽られ裏返しになることがある。その状態を「ちゃんぽんになる」と言っていた。勢いよく振れば元通りになるので壊れたわけでは無い。地方によっては「おちょこになる」とも言う。多分こっちが多数派だろうが今日はちゃんぽんで通したい。ちゃんぽんのどんぶりに形が似ていたからだと僕らは思っていた。裏返った部分に雨水を溜め友だちに向けてぶちまけて遊んでいた通学路。雨が止んだら傘でちゃんばらごっこをして遊んだ放課後。懐かしんでいたらお腹が空いた。そうだ、ちゃんぽんが食べたい。

傘が裏返った姿を想像してもらうと良い、ちゃんぽんの器は底が浅い。具がスープに浸りきっていない、言わば半身浴の状態で供される。これがちゃんぽん特有の、最後まで野菜のシャキシャキ感を損なわずに食べられる奇跡を生む。食感もさることながら最大の魅力は食材の豊富さだと思う。キャベツもやしニンジン等の野菜陣は言うまでも無く強火で炙られアルデンテ。本来は主役であるはずの豚肉は控えめな存在で陰から支えている。

牛や豚とは共演NGと噂されていた海の名優、エビイカアサリは己の旨味すべてを出し切って捨て身の貢献。更に海産物の援軍として、なるとやさつま揚げなどの老優も控えている。そして最後に主役の麺の登場だ。あの黄色い中太の汁絡みの良い彼らが美味しいところを全て持っていく。この黄色い麺はモツ鍋においても終盤の見せ場をさらっていく憎い奴だということを付け加えておく。

ちゃんぽんが食べたくなったが悲しいかな専門店は少ない。なんとか見つけてちゃんぽんが出されたら、店主にソースが欲しいと言ってみよう。普通は怒られそうな展開だが、店主はニヤリと笑って「お客さん、通だね」と言う。不思議な食べ物なのだ。

おたるの天カマ
ニンジン
もやし
にんにく
豚肉
玉ねぎ
きぬさや
きくらげ
キャベツ
北海シマエビ
白いとうもろこし
食べたことのない長崎ちゃんぽん、
すべて北海道の食材で作ってみた。
合ってるかわからないけど とても おいしかった。
※麺は旭川ラーメン

0・9%の不運と大雪立ち往生の災難もしょうがないという話

自販機にジンジャーエールという新商品が出た。淡い茶色でほんのりビターテイスト。コーラともサイダーとも違う。高校生の僕は虜になった。しかしジンジャー=生姜だと知って興ざめした覚えがある。生姜飴や生姜湯など年寄り臭いイメージがあったからだ。

生姜ラーメンと言えば旭川。ドキュメンタリー番組で空路旭川に向かっていた。北海道と言っても12月はそんなに雪は降らない、はずだった。ところが今日は天候によって羽田に戻る可能性があると示唆された。とはいえ単なる脅しと高をくくって空の旅を満喫していた。ヘッドホンで音楽を聴いていたから機内アナウンスを聞きそびれた。窓から太陽の直射を数回受け、どうやら旋回しているらしいことに気付く。目の前のCAさんが深々と頭を下げた。吹雪の所為でこのまま羽田に舞い戻ることを告げている。就航率99・1％の旭川空港、その0・9％を引き当てたようだ。しかし、困った、今日中に着かなければ明朝からのロケに間に合わぬ。いや、今夜はこのイラストを描いているあべみちこさんと「独酌三四郎」に行く約束をしている。マネージャーは離れた席だし、機内のWi－Fiは繋がりにくいし。どうしたもんかと携帯をいじっていたらサクサク繋がる。こんな時は航空会社も回線を太めにするのかと納得した。既に敏腕Sマネージャーは新千歳への振り替え便を4席確保していた。羽田に着いたら荷物を出して再度チェックイン。三四郎の新子焼きは諦めなければならないが、新千歳から陸路でなんとか今日中に旭川まで行けそうだ。空港で現地の車両部の車に飛び乗った。2時間ほどで着く距離だが高速が通行止めになっていて到着は深夜になるらしい。ま、のんびり行こう。と突然、美唄（びばい）で車列が動かなくなった。30分、1時間、あたりは吹雪でホワイトアウト。国道で立ち往生、ニュースの光景が現実のものとなった。深夜1時を過ぎた頃、前方のトラックが中央分離帯を強行にUターンした。我らもあとに続き札幌に逆戻り。再び敏腕マネがホテルを5室押さえた。既に時計は2時を回ろうとしていた。

翌朝5時に再出発、8時には旭川に到着しなんとかロケには間に合った。せっかく来たんだからと、昼食は「みづの」の生姜ラーメンを懇願する。そこへあべさんも合流し、一緒に食べてスープを飲み干す。うん、生姜って身体も心もあったまるのか。

汗とともに
体の中のドクが出て、
天井が黒ずむ気がする。
じわじわ
じわじわ
じわじわと
やってくる。
丼の底の
すりおろし生姜。

焼豚を載せてくれと言っているだけの武将の切なる願いも却下

知らない街でお腹が空いて怪しい店に入ってしまったとする。なるべく失敗はしたくない時に何を頼むか。蕎麦屋であればカツ丼、洋食屋であればカレー、中華屋であればタンメンを注文すれば最小限の痛手で済むと思う。はて、そもそもタンメンとは何ぞや。ラーメンの中のカテゴリーでいくと醤油でも味噌でも豚骨でもない。塩系に属するかと思いきや醤油タンメンだって味噌タンメンだってある。しかもゴリゴリのラーメン屋にタンメンはおいてない。でも野菜不足の罪悪感に苛(さいな)まれると無性にこいつを食べたくなる。不思議な立ち位置のラーメンだ。

貧乏時代に腹が減る。財布に100円しかなければ、まずインスタントラーメンを一袋買う。そして残りの金で何を買うか。30円でモヤシが買えた。ちょっとグレードを上げて「モヤシとヤサイのなかよし君」が40円で買えた。キャベツと人参の端切れが少々混じった袋入りモヤシだ。これが袋麺と抜群に相性が良い。軽く炒めてから湯と麺を入れれば自家製タンメンの出来上がり。臨時収入があった時は魚肉ソーセージまで投入して贅沢をする。中華鍋ひとつで出来上がる手軽さもあって毎日のように食っていた。

そこまでお金に困ることがなくなった昨今、しかし連日ロケ弁では栄養バランスに偏りがある。スタジオ収録の時は温かい野菜が欲しい。そんな時、やはり注文してしまうのがタンメン。いわゆる社食だからそんなに期待はしてないよ、でもTBS緑山スタジオの食堂のタンメンは美味い。なかでも岩崎さんという名札をつけた方の作るタンメンは美味い。豚肉と野菜の火加減が絶妙なのですよ。しかしここ、一般のひとは入れないから悪しからず。

さて先日、大河ドラマの現場でもタンメンが食べたくなった。合戦につぐ合戦で心身ともにへとへと。休憩時間、重い鎧を脱いで食堂に駆け込む。しかし券売機を前にタンメンかチャーシュー麺かで悩む。昼も食ってないから、いっそタンメンにチャーシューをトッピングしよう。そんな贅沢も許される身分になったかもしれない。タンメンの食券を買って麺コーナーのひとにチャーシュー載せてくださいとお願いした。しかし「できません」と一蹴される。堅いなぁ。お金で解決出来る問題ではないらしい。

肉が入っていない
ラーメンなんて
ラーメンじゃない！
と、思っていた。

この
ラーメンを
食べるまでは。

みんなもっとうずらの卵について熱く熱く語り合うべきなんだよ

熱くて食べられたもんじゃない。

店主というのは、お客にとって最高に旨いと考えるタイミングで食事を出すものだと思う。しかし今、目の前の器に溢れんばかりに入った物体は、異常な熱を帯びている。ひとくちレンゲで掬い、表面だけを冷ましてみたところで内部の温度は下がりはしない。おそらく口に入れた瞬間に口内の薄皮をべろりと剝ぎ取っていくに違いない。これを食えというのか。店主を軽く睨んだ。そういえばさっき、彼は調理の仕上げの際、なにやら怪しい白い粉を水で溶いて俺の食い物に入れていた。後ろ向きで何食わぬ顔をして指で攪拌して一気に投入した。その瞬間から鍋中の俺の料理がなにかグッタリした気がする。スープがスープであることを諦めたかのような。そう、俺が頼んだのは、とろみが決めての「うまにそば」だ。

何か意地悪をされている気もするが、大人として事を荒立てるわけにはいかない。猛烈な熱さに負けず食べ進めた。するとどうだろう、コツさえ呑み込めばとんでもなく旨い。最後のうずらの卵を残すまで一気に食べ進めた。この卵はご褒美、うまにそばの華だ。舌で転がすうちにもう少し食べたくなった。追加で「中華丼」を頼むことにする。

オーダーを聞いた店主が調理にとりかかる。するとまた彼は最後に、こっそりとあの白い粉を入れた。そして出てきた品を見て唖然とした。これは先ほど頼んだ「うまにそば」ではないか。ふざけるのもいい加減にしろと言いかけたが、器が微妙に違って浅い。表面を覆うものは全く一緒だが、レンゲで掬うと飯が覗いた。だったら先にひとことあってしかるべきだろう。そもそも名前が曖昧なんだな、ふたつとも。「中華丼」って名付けたのは誰だ。海外行って「日本丼」なんてあったら笑うだろ。「うまにそば」だって安易だよ。旨く煮ようとするのは当たり前だよね。説明になってない。しかも頭に載った具が同じ物なら「中華」と「うまに」って変えることないだろ。

憤りながらも一気に食べた。同じ具材でも麺と飯では食感も異なる。白い粉という反則技があるとはいえ旨い店だ。おまけに中華丼のほうにはうずらの卵がふたつ入っていた。ラッキー！店主がこちらにウインクした。

次は「あんかけ焼きそば」を注文しよう。

うずらの卵と言えば
うずらピータン。

あつあつのお粥にのせて、
ゴマ油とお塩パラリ。
ちょいまぜながら食べるの。
ウマーイ

白いシャツを着てる日に限ってスパゲッティを食べちまうのさ

アメリカの西部劇をイタリア人が作ったら『荒野の用心棒』などのマカロニウエスタンという傑作映画群になった。その発想を日本に置き換えスキヤキウエスタンと銘打って三池崇史（みいけたかし）監督が『スキヤキ・ウエスタン ジャンゴ』という作品を撮った。全てのキャストが英語で台詞を喋るという風変わりな作品だ。撮影の数ヶ月前から英語の個人レッスンも受け、準備万端、ロケ地である山形県の鶴岡市に向かった。山を切り開いた広大な庄内の地にオープンセットが建てられ、僕らは喜々として英語で西部劇ごっこを楽しんでいた。

初めて訪れたこの東北の日本海側にある町で、僕は何度も味のカルチャーショックを受けることになる。撮影は秋から冬にかけて行われた。山形といえども9月は暑い。喉の渇きをいやしに街に繰り出すと、ビールのお供に出された枝豆に度肝を抜かれる。まず圧倒的に香りが違うのだ。そして口に含むと自然な甘み。塩気とともにビールで喉に流しこんだ。今はもう東京でも手に入れることが難しくなくなった「だだちゃ豆」を初めて食べた15年前の感動だ。そして寒くなるにつれて「庄内柿」に心奪われた。また地元のとんかつ屋が非常に美味く、後にそれが「平田牧場」であったことを知る。

しかしそんな中で最も忘れられないのが庄内空港の喫茶店のナポリタンなのだ。撮影が長期にわたるため俳優部は何度も東京と行き来をした。庄内は風が強く飛行機が飛ばない時もある。

そんな時でも小さな空港の小さな喫茶店のナポリタンさえあれば良かっ

た。ウインナーと玉ネギとピーマン、そして麺（あえてパスタと書かない）をケチャップで炒める。全体的に焦げ目がついていて、それが絶妙な歯ごたえを生む。それは焼きそばの良さも取り入れたジャパニーズイタリアンだと断言できよう。あぁ食べたい。

遂に『スキヤキ・ウエスタン ジャンゴ』が完成した。しかし冒頭説明台詞を喋る僕の英語から大ブーイングを受け、アメリカでの上映は字幕がつけられた。スキヤキウエスタンという言葉も定着せず、今はもう忘れ去られている。

風の便りにあの空港の喫茶店はひっそりと閉店したことを聞く。ちなみに「マカロニウエスタン」というのは和製英語で、本来「スパゲッティウエスタン」というそうだ。

ふわふわ やわいドッグパンに
長めに茹でたケチャップ多めのナポリタンを挟む。サイコー！
（ハード系パンにアルデンテはやったことない。）

満を持して土鍋の中から麗しい立ち姿で現れた彼こそヒーロー

今日はついにごはんの話だ。芸人さんや俳優に限らずフリーランスで仕事をする全てのひとにとって、「その仕事で飯が食えるようになること」が最初の到達点であることに変わりはない。貨幣経済の今にあっても禄は米であった時代の名残がこの言い方にはある。30代半ばまで「食えない」生活を続けていた僕だが、そんな時でもなんとかごはんにありつけていた。劇団に米屋の息子がいたのだ。彼が炊いてきた白いごはんさえあれば、演出家の罵倒に耐えうる体力は養われる。おまけに佃煮屋の息子の勝村政信が持ってくるアミの佃煮が精神力さえも補ってくれた。食うや食わずの生活でも、彼らのおかげで夢を先延ばしできた。

古米や古々米、古々々米を食う生活を経て、ようやくこの仕事でおまんまが食えるようになる。するともっと美味しいごはんが食べたいという欲望が湧いた。時はブランド米が巷(ちまた)に出回りだし、高価な炊飯器が売れ行きを伸ばし始めた頃。ある日とある俳優さんからもらったおにぎりがやたらと旨い。炊飯器を変えたらお米の味が変わったんだと言う。今は見かけないサンヨーという会社のこの製品、なんでもお釜の神様と呼ばれる開発者がいるらしい。すぐさま買ったら旨かった。ずいぶん長いこと重宝していた。ところが壊れて買い換えの時期が来たのに、会社も神様も見当たらなくなってしまっているではないか。それからしばらく炊飯器を放浪した。これといった決め手に欠け、もはや諦めムード漂う日々を過ごしていた。

そんなある日「土鍋『華月(かげつ)』」が送られてきた。クラウドファンディングで地方の物作りを応援するサイトの仕事で、次に紹介する製品だそうだ。

鍋は鍋でもお米を炊くための土鍋。開けてはみたものの手順も難しそうだし現地に行くまでほっておこうと思っていた。ところが翌朝女房が面白そうだからやってみるという。やり方も頗る簡単なんだとか。土鍋に研いだ米と水を入れ7、8分中火にかけ、噴いたら30秒で火を止めそのまま放置するだけ。ふたを開けたら高級旅館のそれが現れた。立った米を自宅で初めて見た。噛むと甘みが迸った。冷めても粒が旨味を封じ込めている。脇役ありきの主役、おかずあってのごはんだと思っていたが、以来お米だけを咀嚼するのが幸せになった。

土鍋で炊いたごはんは
熱々もおいしいけど
冷めてもおいしい
気がする。
たくあんが
くっついてたとこが
これまたおいしい
気がする…。

どんな旅の思い出も羽田の到着ロビーのカレーの匂いで初期化

還暦を過ぎると就寝起床の時間だけでなく、食事やおやつ、散歩や読書に至るまで毎日決まったタイムテーブルが出来上がる。そりゃ若い頃は暴飲暴食、始発まで飲んで〆に富士そばでコロッケうどん食ってたさ。寝ようと思えばホームでも車内でも寝られたさ。でももう無理。住むとこだって食う物着る物散乱してても無頓着。でした、かつては。しかし今じゃ決まった場所に決められたものが置かれ、整理整頓されてなきゃ気が変になる。いかんいかん、こりゃ、とんだ偏屈爺じゃないか。固定観念の虜になって自分の許容する範囲のものしか認められない。

うどんは饂飩と書き、その語源を辿れば混沌と言う説もある。凝り固まった頭を解きほぐすため混沌に身を委ねよう。駅前の富士そばに向かう。王道のコロッケうどんがある。まだワンコインほどで食える。しかし待てよ。これは麺とつゆ、コロッケだけで言うほどカオスではない。これは俺の求める福音になりはしない。

そういう時こそ仏の智慧にすがるべきではないだろうか。ブッダに思いを馳せた。すると西から彼の生まれ故郷であるインドの風が吹いた。それは何故かカレーの匂いを伴っていた。

最近の僕は南インドのカレーにどっぷり嵌まっている。金属の大きな平皿に、これまた小さな金属の器がいくつものっかっている。器の中にはカレーが数種類、味噌汁風のもの、白くて甘いものやポテサラ的なもの等。全部で7個ほどが綺麗に並んで鮮やか。真ん中にパラパラしたごはん。その上に薄い煎餅がのっている。これを総称し「ミールス」と呼ばれていて、野菜だけの「ベジ」と肉の入った「ノンベジ」に分かれていることが多い。

このミールスを前にして頑迷な僕の脳みそはぐちゃぐちゃに掻き回されるのだ。小さな器をひとつずつ引っくり返していく。それぞれのカレーは単体でも美味しいがすかさず別のカレーも混ぜる、味変。味噌汁風のものも混ぜる、煎餅も割って混ぜる。食感も味覚も既に己の想像力を超えてゆく。あたりまえのものなどない。辛みも脳髄へのパンチとなる。全てが混じりあった混沌の中から新しい自分が誕生する。みたいな気がする。

立ちぐいそば屋にて

混ぜたり混ぜなかったりその日の気分で。

かけうどんに
カレールーをかけた
「カレーうどん」

ついで？に
せっかくならと
頼んだイカ足ゲソ丼
とともに。

もう私にはつらくなってきた…

けどたまにやりたい。

名も知らぬ遠き島より流れ寄る椰子の実のカレーとそのお皿よ

お菓子の中にあって、あの頃から異彩を放っていた「ココナッツサブレ」。遠足のお供にする類いではなく、食品棚の奥にしまわれていた所謂ハイグレードラインのおやつだ。口中で砕くとほんのりエキゾチックな香りが漂う。一枚食べると次々に放り込みたくなる中毒性。なんだこの香りは。それが表面に付着した白い物体の仕業とは思わなかった。子供心にヤバいお菓子だと認識することになる。

初めてタイに行った時のこと。もちろん撮影だが生田斗真君が中学生だったから、タイ飯屋なんて言葉がまだ無かった頃の話だ。ロケ中はずっとキッチンカーが随行して昼食と夕食はタイ人のコックさんが作ってくれていた。毎食メインはカレーなんだけど、これが実に美味い。香りがなんとも危険だった。ココナッツミルクとパクチーが放つ芳香。あのヤバいお菓子を思い出させる。それが赤かったり黄色かったり、緑がかっていたり。辛さの中に感じる甘み。それぞれ趣が異なって飽きることがない。

撮影が無い日だって無性に食べたくなる。「クーポン」と呼ばれる屋台風フードコートによく行った。露天の屋台はメニューが分からないから難易度が高いが、ビルの中にあるこの巨大なフードコートはあれこれつまみ食いできる。翌日は共演の大杉漣さんも誘ってみた。ふたりでキャッキャ言いながら食べ漁った。辛さでハイになった僕らはその建物にある陶器屋さんに行き、エスニックな食器をヒャッヒャ言いながら買い漁った。まだふたりとも怖い俳優だと思われていた時代だったが、海外で思いっきり羽目を外してテンション上がるオバチャンのようだった。それぞれ段ボール

2つ分の食器を手荷物で成田まで持ち帰った「運び屋」風のふたり。ヤバい絵面である。

タイから戻っても暫(しばら)くココナッツミルクのタイカレーが食べたくてあちこち探したが、どこも妙に日本風にアレンジしてあって本場の味は見つけられなかった。しかしそのうちブームが到来し、次第に東京でも美味しいタイカレーが食べられるようになった。でもなんか違う気がするんですよって、レトルトタイカレーをあの時のタイの食器に流し入れながら漣さんに問うてみた。

海外への憧れと
かわいいからと買った
ココナッツなどの
缶詰。

んー
いつ開けよう。

これはすぐ飲んだよ。

ブルース・リーも貧血気味の時は好んで食べたであろう魔界の品

お粥(かゆ)には良い思い出が無い。かつてお粥を食べるということは、イコール体調がすぐれない時と相場が決まっていた、ような気がする。いわゆる病人食。熱がある時、お腹が痛い時、なぜだかお粥を食わされる。食感なのか喉ごしなのか、そもそも体調が悪いからなのか、普段好んで食べようとは思わない。

七草粥しかり。だっておせちとお雑煮で口の中がお行儀良く「和」になっている正月明け、ソースやチーズやマヨネーズで心をかき乱したいじゃないですか。このタイミングでわざわざお粥食べますか。だって体調万全ですよ、なんなら焼肉屋に行きたいぐらいだ。八百屋で並べられている七草セットを見ても季節感はあるとはいえ、そそられない。わざわざ1月7日に食べたくはない。せりなずなごぎょうはこべらほとけのざすずなすずしろ春の七草。言葉にするのは楽しいが、口に入れるにはちょっと躊躇(ちゅうちょ)する。ちなみにすずなはカブ、すずしろは大根。葉っぱじゃなくて根っこの煮物なら良いんだけど。

しかしある日を境にお粥の概念が覆された。それは舞台公演で香港に行った時のこと。ホテルの朝食じゃ味気ないので街に出た。あちこちでお粥の露店が軒を連ねている。大きな寸胴鍋からいい匂いが立ち上り、現地の人たちが美味しそうに食している。身振り手振りで一杯所望し席についた。粥は粥だが油で揚げた大きなパンのようなものが載っかっている。レンゲで掬うと鶏肉も混じって良い香りがする。すすって驚いた。スープが絶妙なのだ。あの病院食のお粥ではない、油条(ヨウティヤオ)という名の揚げパンも味わい深くスープを含んで、ラーメン一杯程の満足感を得た。それから滞在中朝食はお粥と決めた。

最終日、朝食のお粥を求めて九龍(クーロン)まで足をのばす。二十代の無謀な僕は中国返還前の魔界の如き香港の深部に入り込んだ。そこで一軒の粥屋に入り適当に注文した。出されたものを見て仰天する。赤い生レバー状のものが無数に載ったお粥。思わず怯(ひる)んだが周りに人が集まってきた。恐る恐る口にすると血の味と香りがする。ここで残せば笑いものだ、意を決して完食する。ニヤリとする周囲。まるで香港映画の1シーンのようだ。あとで知ったんだがこれは豚の血を固まらせたゼリーで現地では栄養食として有名らしい。う〜ん、やっぱりお粥は苦手かも。

トロトロ〜
水で戻した干し貝柱を使って
3時間くらいかけて作る
中華粥がうまい。

関東と関西で餡の味付けが違うらしいので今後の検証が必要だ

下北沢が芝居の街だった以上に、かつて渋谷も演劇の中心地だった。青山円形劇場、スペースパート3、シードホールに旧パルコ劇場。なかでも思い出深いのは公園通りの地下にあった渋谷ジァンジァンという芝居小屋。地下駐車場への勾配につくられた劇場のため、変則的な客席。そこで中村伸郎さんが毎週金曜夜の10時にイヨネスコの不条理劇をやっていた。70歳を超えた名優の実験劇を目の当たりに出来る渋谷という街の懐の深さ。サブカルなんて言葉はない頃だが、カウンターカルチャーと呼ぶに相応しい文化の薫りが漂っていた。

そんな面影も徐々に消えつつある渋谷界隈だが、スクランブル交差点がテレビで映されるたびにあの店の存在を確認して少し安心する。「あの店」。正直に言うと買ったことはない。「天津甘栗」。でも僕の記憶にあるかぎりあのあたりにあの店はずっとある。そして間違いなく香ばしい薫りを漂わせている。演劇青年時代は甘栗を躊躇無く買えるほどお金を持っていなかった。でも栗好きではあるにも拘わらず、いつかあの甘栗を大人買いしてやろうなどと野望は持たなかった。きっと東京に住んだことがある人なら目にしたことがあるはずだが、買ったことがあるという人、挙手を願います。っていうか天津ってどこ。中国のどのあたり?

天津問題はひとまず置いといて、このところの疲れが溜まったせいで夏日なのに寒気がする。こんな時は中華を食べるのがならいだ。今日は普段注文しないメニューに挑戦しようと思う。といっても舌が保守傾向にある僕が頼むのはたかが知れている。麻婆豆腐に芙蓉蟹をオーダーした。しかしどう考えてもこれはご飯が欲しくなる組み合わせだ。迷わずライスの中を頼む。出てきたカニ玉を餡ごとメシに載せてカッこんだ。美味いなぁ天津飯！忘れていた記憶が蘇った。これ俺好きだったんだ。甘酸っぱい餡にふわふわ卵の優しい甘み。そしてほのかな海の香りと蟹の歯ごたえ。ガッンと一杯食べるほどではないが、ひと匙掬って喉に流し込む喜びを忘れていた。いいぞ天津飯。しかしここにきて天津問題再燃。

　ことのついでに買ってきた甘栗を食べながら調べると、天津甘栗も天津飯も天津発祥じゃないらしい。諸説あるらしいが詳しくは分からない。よくある話だ。しかしこの成城学園前駅の甘栗屋も歴史がありそうだ。

とろっと卵とゴマ油と甘酢あんで
なんとなく天津飯。

オールインワンという言葉の裏にある焦点の絞り込めない弱さ

私の本名は特に珍しい名字というほどのものではないが、めったに同姓のひとに出会うことはない。ひっくりかえした「重松」姓はわりと多く、作家の重松清さんとは字面3文字のイメージゆえ混同されたこともある。病院の待合や役場の窓口で「シゲマツさん！」と呼ばれても抵抗なく返事ができるという耐性まで出来た。

それでも鰻屋に行ったときにはかなりの頻度で同姓を目にする。といっても店主や客の名前ではなく、お品書きの筆頭に明記されてある。松重

5000円、次に竹重4000円、つづいて梅重3000円と。いちおう鰻屋のヒエラルキーでは最高層に位置する我が名字だが、お客はその根拠を店員に質(ただ)すのが習いだ。「この3つの違いはなんですか」と。ここで店員も「それは鰻のクオリティーです」と答えたら「松重」が圧倒的一番人気になること請け合いだ。年に一度の贅沢でそこをケチってどうする。ところが大方の店員は正直に「鰻の量ですね」と答える。竹重が一匹分、松重は一・五匹分だなどと聞いたらば、世の女性陣はほぼ間違いなく梅や竹に流れる。まぁウナギの気持ちを考えても臨終の棺(ひつぎ)の中で他人の下半身と同梱されるのは気分のいいもんじゃないだろうしなぁ。

鰻ほどの贅沢品ではないが時々食べたくなるのが釜飯。酒を飲まなくなってもたまには焼き鳥をつつきたい。釜飯の炊き上がりまでの時間を利用して堂々とノンアルビールで串をつまめるのだ。今日はその釜飯のメニュー選びについて長年の懸案を申し述べたい。釜飯は炊き上がりまで数十分を要するので最初のオーダーで発注する場合が多い。ということは最も空腹な状態でトッピングをチョイスしなければならないのだ。基本の鶏そぼろだけでなく、竹の子山菜鮭いくら、穴子やあさりなんかもある。ついつい迷って目線がロックされてしまうのが「五目」の二文字。待てよ、その横に「上五目」なんてのもある。店員に聞くのも無粋な気がして思わず「上五目釜飯！」と発声してしまった。

だいたい焼鳥やサラダや揚げ物などで腹が八割方収まった状態で、トッピングてんこ盛りの釜飯の登場。釜飯なんて鶏そぼろとまわりの焦げをこそいで食べるのが全てだと言える。よし忘れるな自分。次回来るときは「鶏釜飯」一択だぞ。それなのに今日も「五目」の文字に吸い寄せられていく。

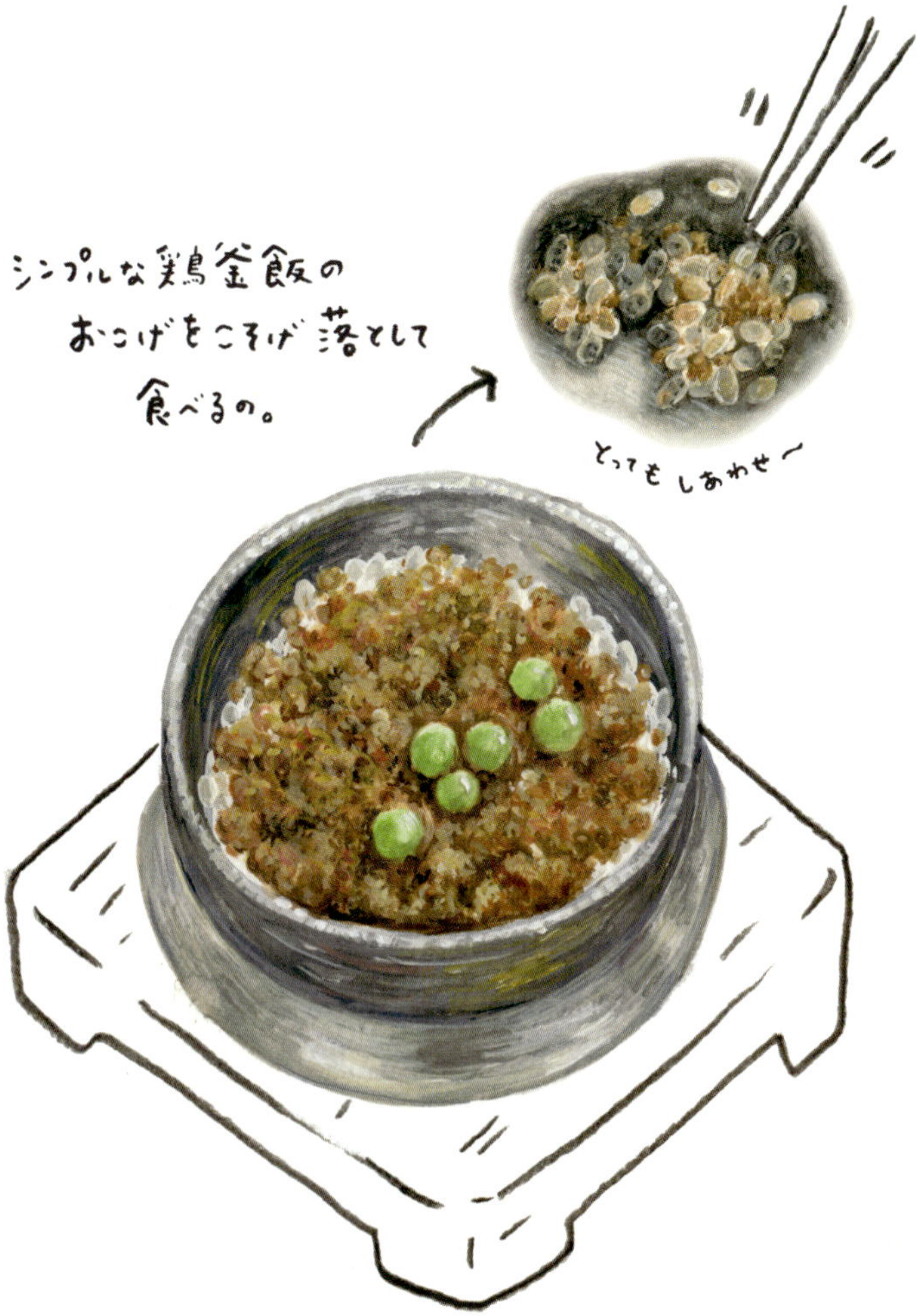
シンプルな鶏釜飯の
おこげをこそげ落として
食べるの。
とってもしあわせ〜

天草四郎時貞のおかげで今日も味噌汁が美味しく頂けるんだな

新幹線のぞみに乗って2時間ほど、関西圏に着くだけでエスカレーターの追い越し車線が左に変わる。左側にボーっと立っていると迷惑がられる。いまどきエスカレーターに乗って歩くのは御法度のはずだが通勤時間帯は仕方がないのかもしれない。おまけにきつねとたぬきに化かされることにも驚かされる。関東ではうどん・そば、それぞれ油揚げが載ったものがきつね、天かすがたぬきと呼ばれているはず。ところが関西では油揚げが載ったうどんがきつね、同じく油揚げが載ったそばがたぬきと言う。また味付けのされてない油揚げを刻んで載せた「きざみ」というトッピングもあってかなり混乱する。それでも、たっぷりつゆを含んだ甘めの油揚げを味わいたくて大阪に着いたらまずうどん屋に向かう。おっと、ついでにおいなりさんも注文してしまった。きつねうどんにお稲荷さん。油揚げがダブってしまったじゃないか。

数年前、九州に旅番組のロケに行った時のこと。古民家を改装した洒落た和食屋の飯を食べた。美味いのは当然だが、なかでも味噌汁の具として入っていた油揚げに思わず声を上げてしまった。しかしそれは地元のものでもなんでもなく、番組的にはスルーされた。ところが先日、福岡の筑後地方に仕事で行き、民宿の朝食で出された味噌汁の油揚げに再び黄色い声を上げてしまった。香り、食感、味浸み加減、全てが絶妙なのだ。聞けばここから南に下った熊本の「南関(なんかん)あげ」というものだという。しつこく聞くので店のひとが分けてくれた。普通の油揚げと違って乾物のように長期保存が可能になっている。帰って自宅で味噌汁に入れると全く同じように再現された。いろいろ試したが茄子との相性は抜群だ。茄子自体が揚げの油を吸って相思相愛で味噌汁に浸っている。近所のスーパーにも似たような「松山あげ」というものが売ってある。調べるとルーツは同じだそうな。島原の乱で人口が減った熊本南関地方に四国松山のひとが移住して広めたとか。おいおい400年近く前だぞ。日本中に広まらなかったのも不思議だ。それにしても、もうこの油揚げなしに生きて行けない。どこかに売ってる店はないだろうか。あった！銀座の熊本館だ。油揚げ一枚買うために、くまモン目指して銀座に向かう。

ふわっふわのジュワ〜

春菊と酒粕のお味噌汁に。

大好きな組み合わせ。

マリリン・モンローの愛した野球選手とファミレスの玉葱スープ

スパイスカレー作りに嵌まった時に思ったことがある。カレーの味の決め手は、香辛料の配合よりもタマネギの炒め具合の出来いかんである、と。焦がさずじっくりと飴色になるまで炒める。丁寧で根気のいる作業。鍵を握るのはタマネギだ。味噌汁だって玉葱が具の、あま〜いやつは心休らぐし、牛丼だって牛肉よりタマネギが多い方が食欲をそそる気がする。酢豚にいたっては寧ろ陰の主役はタマネギだ、というのは言い過ぎか。

福岡育ちの僕にとって、「ロイヤルホスト」というレストランで洋食を食べるのが年に一度の楽しみだった。ファミレスなんて言葉もまだなかった頃、ナイフとフォークを使ってハンバーグを食べる記念すべき日。とびきり子供心をわくわくさせたサイドメニューにオニオングラタンスープがあった。焦げ目のついた器の底にドロドロのタマネギ、そしてブヨブヨのパンにのった熱々のチーズ。見た目は悪いが早く食べたい。はやる気持ちを抑えなければ口の中の皮一枚、必ずベロリと剝がされる。わかっているのに毎年帰り道は皮がぷらぷらしていた。

いまや「ロイヤルホスト」と言えば誰もが知っているファミレスチェーンだけど、もともとは福岡のフレンチレストラン「ロイヤル」。1954年この地を新婚旅行で訪れたマリリン・モンローとジョー・ディマジオが、3日連続でここのオニオングラタンスープを食べて、たいそう気に入ったことから名物となった、らしい。

いや、ちょっと待て、モンローといえばVIP中のVIPでしょ。言わば国賓に近いご夫婦ですよ。わざわざ博多に来ていただいて、3日も同じ

「ロイホ」に連れて行くって、どうよ。コーディネーターとして失格じゃね。水炊き、モツ鍋、海の幸、いろいろあったでしょ。最終日には屋台に行くでしょ、最後の〆に長浜ラーメンはいかがですか、って案内するでしょ。いや、あたしは毎日ロイホが良いのって、マリリンが言ったってか。ま、美味しいからいいけど。

かく言う私も今、パリに向かう機内でこれを書いています。「オニオングラタンスープ」の本場はフランスなんだとか。とびきり美味しいやつを探してみようかと思う。しかし裏をかいて、3日連続で「トムヤムクンスープ」を頼んだら、コーディネーターさんガッカリするだろうなぁ。

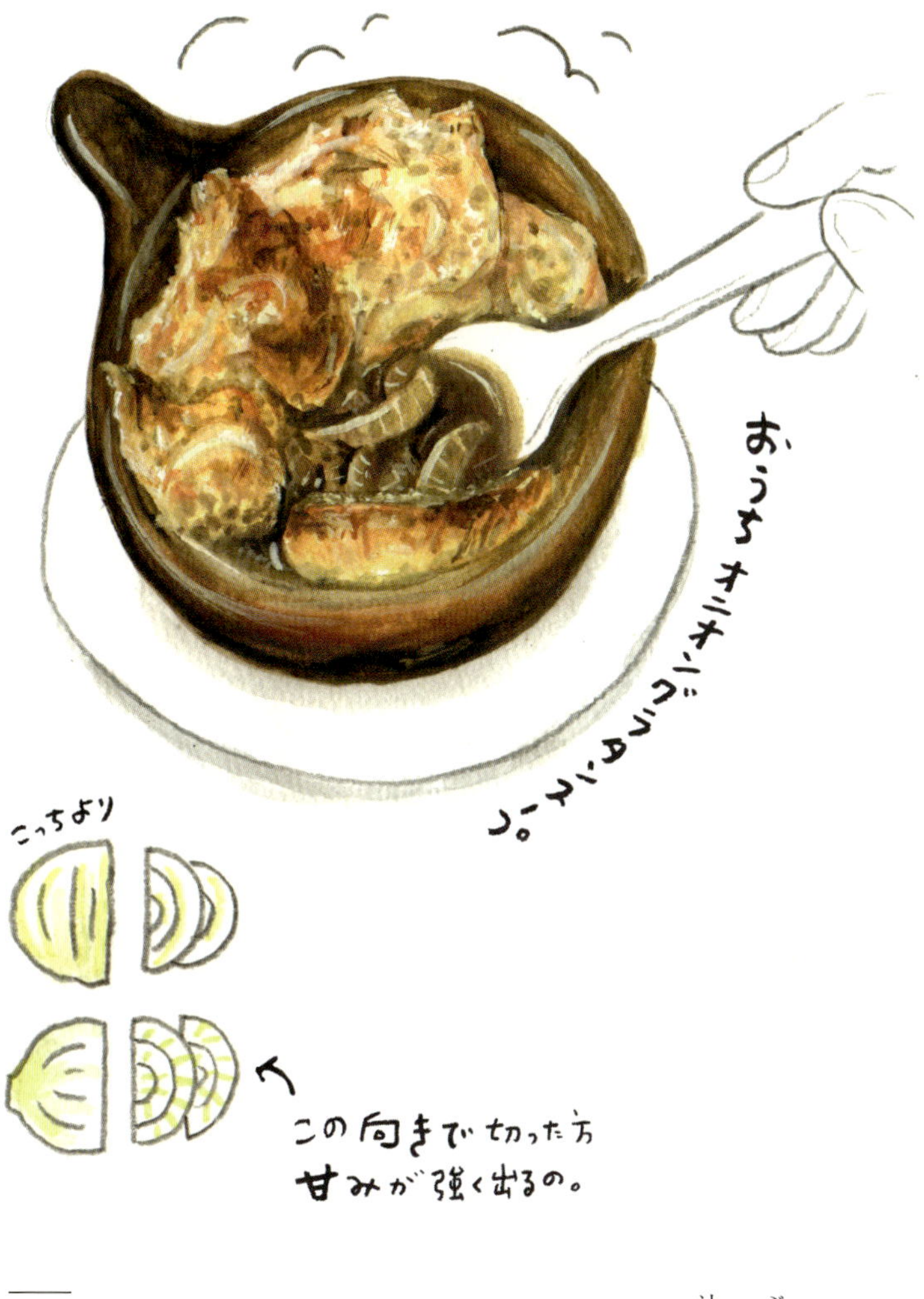
おうちオニオングラタンスープ。
こっちより
この向きで切った方
甘みが強く出るの。

お世話になりましたと手渡しされる昭和スターの粋な贈り物

イルクーツクから列車に乗った僕たちクルーはバイカル湖を眺めながらの車内での撮影を終え、残りの長い道程をカードゲームで乗り切ろうとしていた。シベリア鉄道とはいうものの真夏はとんでもなく暑い。おまけに車内は冷房が無く、冷えたコーラでもあれば気晴らしになるのだが、車内販売には常温の飲み物ばかりだ。お姉さんに身振り手振りで問うてみても冷たくあしらわれるばかり。仕方なく窓を開け単調な景色を眺めながらぼんやりと考えた。羊羹をカステラで挟んだお菓子を「シベリア」と呼ぶのは何故だろう。もちろん車内販売では売ってないしお姉さんに聞いても冷酷に無視されるはずだ。

羊羹が好きだ。子供の頃から好きだった。1本まるごと大人食いしてみたかったほど好きなのには理由があった。端っこの少し乾いたザリザリした箇所と羊羹本来の半生の部分の歯触りが絶妙の混ざり具合なのだ。しかし大人になって食べる羊羹はどれもキチンと密封されていて乾いた部分がどこにも無い。あのザリザリのことを問うても皆シベリア鉄道のお姉さんのごとく「ニエット」と知らん顔される。次第に羊羹のことを考えなくなった。

「いだてん」というドラマで井上順さんとご一緒した時のこと、子供の頃からエンターテイナーとして尊敬していたこともあり現場で親しくさせていただいた。根っからのスターである井上さんは常に殺伐とした撮影を和ませる。しかし女性スタッフを労う意味で手を握ろうとするのはこのご時世いかがなものかと思った。このスケベ爺と突っ込もうとした矢先、スタッフの手に握られたものを見てハッとした。一口サイズの羊羹を渡していたのだ。「みんなご苦労様ね、これご褒美」と言って渡される虎屋の小形羊羹。ついでに僕もいただいた。小腹が空いた時にパクッといけるありがたさ。流石昭和のスター、やることが粋だ。賞味期限の長さもあって僕も真似して常備するようになった。ちなみにザリザリの羊羹は佐賀の小城羊羹だったということが判明したが、シベリアの謎は未だ解明されていない。

ゆっくーり
ずずずーっと
切り心地を
たのしむ。
うすく
切ったり
ぶ厚く切ったり

尾籠な話で申し訳ないが久々の海外でありがちな失敗を楽しむ

コロナ禍にあって2年半もの間パスポートの出番は無かったのだが、ようやく仕事で海外に行くことになった。久しぶりの羽田空港国際線ターミナルからソウルに向かう。案の定、出入国に際して様々な制約を伴ってはいるがなんとか異国の地に降り立った。2泊3日の短い旅程。思い切り堪能して帰国しよう。大事な仕事で粗相のないように初日の夜はたっぷりと睡眠をとろう。そう思って早めに床についた。はずだった。

午前3時半に尿意で目が覚めた。海外のホテルで夜中にトイレに行く時によくあることだが、照明のスイッチを探しているうち、他のものまで作動しはじめ覚醒してしまうことがある。そうならないよう足元灯だけでトイレに行けるべく動線を確認してあった。便座にしゃがみ用を足そうとする。下半身が妙にひんやりとした。目視で確認出来ないが手で触れるとすぐそこに水があるようだ。仕方無く明かりをつけ中を覗くと便座の縁ぎりぎりまで水が溢れている。しまった、トイレが詰まってしまっている。この状態ではおしっこも出来ない。そのうち尻を水で冷やしたせいか便意も催しはじめた。いや、困った。そう思うとお腹がきゅるきゅると鳴りだした。あぁ、寝る前にかき氷を食べなければよかった。

実は3年前に釜山で食べたかき氷が忘れられなかったのだ。粉雪のような氷の中に小さなお餅。そしてその全体にこれでもかと振りかけられた「きな粉」。真冬だというのに貪り食った。これまでのかき氷の概念を覆す食味と食感。リベンジとばかりに夕食後に食べに行ってしまった自分を恥じた。以前は大きなものをシェアして食べたのだが時代が変わってしまった。

大きなものをひとりで夜中に食ってしまった。

今更悔やんでも仕方が無い、フロントに相談しよう。しかしこんな時間に日本語が分かるスタッフがいるとも思えない。そうだ。スマホの翻訳アプリを立ち上げた。「トイレの水が流れない」、早速音声で変換された。フロントに電話をかけスマホを押し当てた。すると相手はカタコトの日本語で「電気ですか」と問う。「違う」、脂汗が流れる。この押し問答が数分続いた。ふと彼が「電気」ではなく「便器」と言っていることに気付いた。その瞬間、便意が消え失せた。

忘れられない
ザ・北海道なかき氷。
大雪山の伏流水の氷
うまい！
ヤバイ！
北海道産
練乳たっぷり
富良野の完熟メロン

他人に知られたく無い秘密の食べ方を誰しも持っているもんさ

何かが挟んである系の食べ物というのがあるじゃないですか。例えばビスコとかオレオの類い。ビスケットを開いて、上の前歯で中身をこそぎ落としたくなる衝動に駆られるのは私だけでしょうか。作り手の気持ちを無視した背徳行為だと知りつつも、あえてやってしまう。決して人に見られたく無い瞬間。両手にビスケットを持ち、ビーバーのような変顔の老人の満足そうな表情。

チョコレートで包まれたアイスバーってあるじゃないですか。ブラックモンブランとかいう系統のものですよ。あの外側のチョコ部分を全て剝がしてしまいたい衝動に駆られるのは私だけでしょうか。上下の前歯を突き出し、いななく馬のような形相で剝ぎ取っていく。早くしないと溶けていくことぐらい分かっている。しかしあえてやってしまう。案の定、クリームがぼたぼたと、チョコもシャツに落ちた。オールヌードにしたところでそれほど達成感は無いし、これも見られるとばつが悪い。

何をやっているんだ俺は、きっと今日撮影で疲れたせいだろう。これから高速を使って帰らなくてはならない。ナビを見ると渋滞で2時間半はかかりそうだ。いましがた小腹に甘いものは入れたが、途中のサービスエリアで休憩がてらソフトクリームを食べよう。それを目標にして現場をあとにした。

最近のサービスエリアは楽しい。道の駅のようなものも併設されていて、思わず野菜や果物を買ってしまったりする。そして必ずご当地ソフトがある。近隣の牧場の名が冠してあって、プレミアムなんとかと銘打ちワンコインで買えないものもある。それを舐め舐めしながらコーンに押しつけていく。最後にコーンの先端部分を歯で傷つけラッパのように吸うのだ。え？これも私だけの性癖ですか。

まもなく20時になる頃にサービスエリアに着いた。急いでソフトクリームの売店に駆け込む。あった、良かった。店じまいをしていた店員に注文する。するとあろうことか見習いの子にやってみるよう指示した。嘘だろ。案の定、斜めに短く巻かれたソフトを渡される。急いで車に戻ろうとしたが斜めの部分から垂れ始めた。中を見るとコーンの中はスカスカだ。あ〜ん最悪だ、チューチュー出来ない。

私もバラバラにして食べてしまう。
ピタッとくっつけた技術を、楽しんでごめんなさい。

眠らない街の眠れない若者のため深夜営業の店に並ぶ無数の穴

眠れない夜だってあるさ。思春期、漠然と将来や人生に対する不安にさいなまれ床についても寝付けない。はたまた昼寝をしすぎたか。仕方がないのでラジオの深夜放送に耳を傾ける。しかし日曜日はそれもやってない。自分以外は生息すらしていないかのような孤独感。窓外の線路を眺め、ときおり通る貨物列車を待ち続けた。ネットもＳＮＳもない時代の話。

そんなある日、僕の住んでる小さな街に24時間営業のドーナツ屋ができた。ドーナツは男性なのだと言い張るような店名。コンビニもない時代、誰が夜中にドーナツひとつ買いにくるのか。しかし眠れない夜でも、あそこに行けばドーナツを買うことができる。バイトのお兄さんと言葉を交わすことができるんだと思うと心強かった。中学生の僕がおこづかいで買える値段ではなかったので表から眺めることしかできなかったが、ひとくちにドーナツと言ってもあんなに種類があるのに驚いた。いつか大人になったらあの棚の端から端まで食ってやろう。

実はそのドーナツ屋の隣に、恰幅のいい髭(ひげ)の外国人の人形が店先に立つ唐揚屋もできていた。今で言う「ミスド」に「ケンタ」が並んだありふれた駅前の光景だが、半世紀前には衝撃的アメリカンな景色だったのだ。その「ケンタ」にうちの母親がすっかりはまった。チキン3個とパンとサラダとポテトが箱に入った「ディナー」というセットの虜になった。僕はどちらかというと、コールスローという学校の飼育係を思い出す見た目のサラダを美味いと思い好んで食べた。88歳になった母親は「あたしも今は、2個しか食えんごとなった」と言いながらいまだに髭人形の店に通っている。

話をドーナツに戻そう。今でもドーナツは好きだ。いや今の方が好きだ。「おからで作る系」や「並んでると一個くれる系」など数多のチェーンが存在したが、今最も僕を夢中にさせているのは北海道発祥のドーナツ屋。最寄りの駅前に小さな店舗を構えている。東京にはここ一店舗だけなのであまり評判になっては困る。ただでさえ4時前には売り切れているのだ。ふわふわでもちもち。いかん、ここに書いたせいでどこかに移転しないだろうかと考えたら、夜も眠れない。

夕張名物
穴の空いてない
シナモンたっぷり和なドーナツ
ジャリジャリ砂糖がいい。
あんこビッシリ
シナモンドーナツ
これ、牛乳に合うんだ〜

わがままな食卓、軽やかな人生。思わず踏み込んでしまった

先日所用があって鎌倉に出向いた。たいした用事ではないので昼過ぎには身体が空く。あの辺りにはお気に入りの喫茶店がいくつもあって、午後は気の向くままにどこかに落ち着くつもりだった。しかし今日は鎌倉と言っても山の方で、海辺の喧噪とはかなり離れている。ふと、僕のメイクをしてくれているHさんが、鎌倉の山にとびきり美味いチーズケーキを売っている店があると言っていたことを思い出す。調べると店はすぐ近くだ。ためしに電話してみると3時のおやつに予約が取れた。鎌倉山と呼ば

れるその辺りの道は迷路のようになっていて侵入者を容易に寄せ付けない。苦労して店と思しき場所にたどり着いたが、飲食店らしい構えではない。入り口を開けるとすぐ階段になっていて、降りると大きなガラス窓越しに鎌倉の森を見下ろす絶景。そこに2人掛けのテーブルが2卓。それでほぼ満員の店内。迷わずチーズケーキと珈琲を頼んだ。それはチーズともケーキとも一線を画す、想像を超えた物体であった。ひときれフォークで掬って口中で転がす。いままで食べてきたチーズケーキってなんだったんだ。

そもそも僕とチーズとの出会いは幸せなものではなかった。子供時分、不意にお客が来たときなど、四角い羊羹状の塊から糸で切ったものを、サラミなどと一緒に皿に並べて出していた。いわゆるプロセスチーズの類いだ。なんだかボソボソして喉にひっかかるし、おまけに触った手が臭くなる。それが銀紙で個包装されたり、魚肉ソーセージのようにチューブ状になったりしたが、おおよその食感や味は変わらない。

そんな良い印象のないおかずなのかおやつなのか立ち位置のあやふやな

チーズ。そのケーキというものが大ブームとなり「ベイクド」と「レア」という2大勢力に席巻された'70年代。「ティラミス」の'90年代。そして昨今の「バスク」。僕の舌もチーズケーキに慣れ親しんだと思った矢先の鎌倉山の衝撃。

そのチーズケーキがあまりに美味くてお土産にパウンドケーキとクッキーを買った。店名になんだか見覚えがあり、記憶を辿って「クロワッサン」を開く。なんと、同じくエッセイを書かれていたホルトハウス房子さんのお店だった。

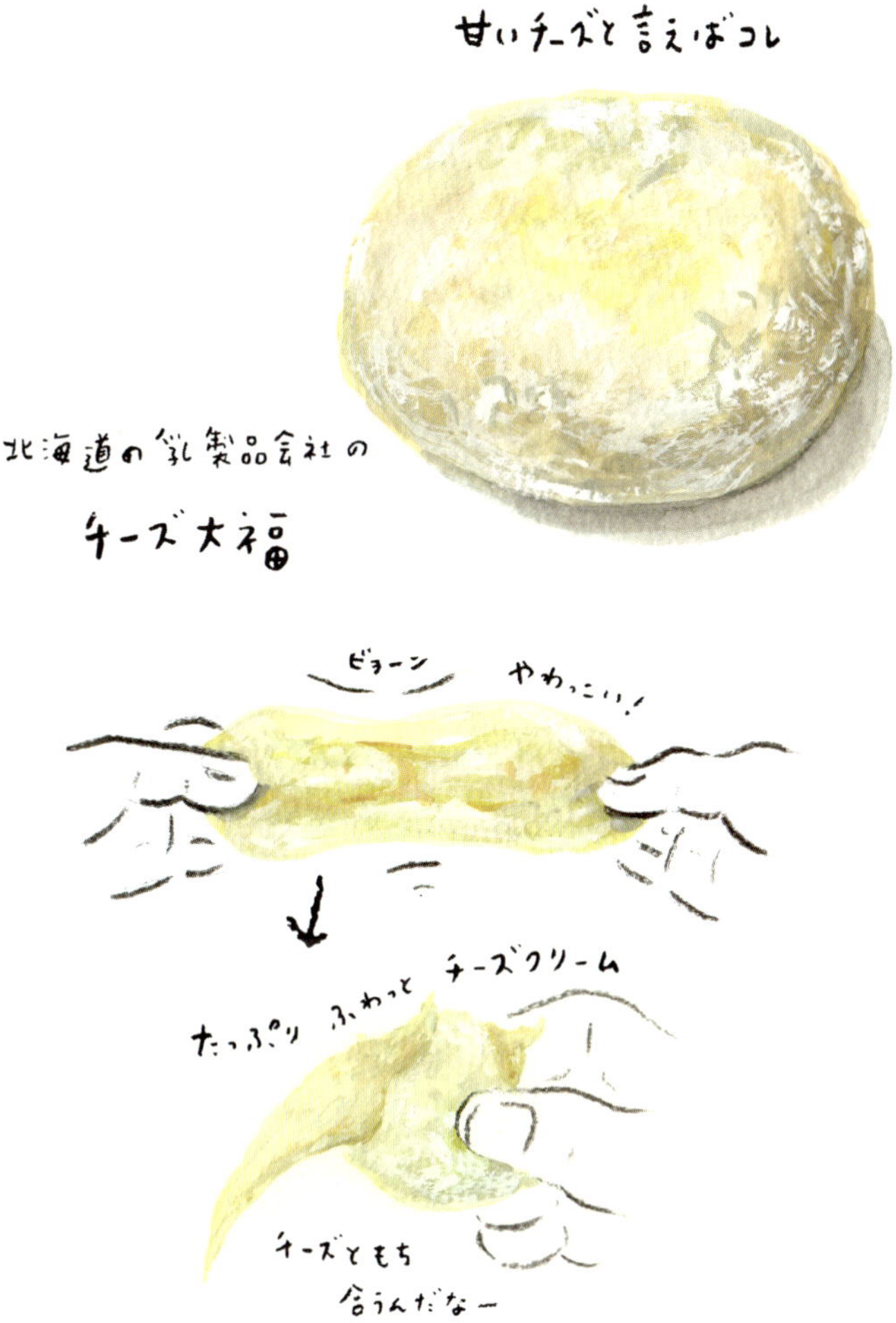
甘いチーズと言えばコレ
北海道の乳製品会社の
チーズ大福
ビョーン
やわっこい！
たっぷり　ふわっと　チーズクリーム
チーズともち
合うんだなー

緑のクリームソーダには真っ赤なサクランボがお似合いさ

「喫茶店でソーダを頼む」という一文から、鮮やかな緑色のモノが出て来るのを想像した読者が多いだろうという前提で話を進めます。一般的にメロンソーダと言われるそれは、僕らの時代には粉末で売られていて水に溶いて飲んだ。濃い緑色の色素は舌をも変色させ、妖怪と言って得意げに他人に見せたりもした。メロンという名だがメロンの果汁は一滴も入っていない。そもそも当時の僕の周りにはメロンの味を詳しく知る子供など殆どいなかったはずで、それを追及する者は無かった。中には病気で入院し、お見舞いでマスクメロンを頂いて本物の味を覚えた子がいたかも知れぬ。しかしメロンソーダに異を唱えて仲間外れになるより沈黙を選んだと考える。それほどメロンは高貴な、手の届かない果実の王として君臨していた。それと同じようにキノコの王として君臨する松茸。純な僕は、永谷園の松茸の味お吸いものの底に漂うキノコ片こそ松茸の欠片だと信じて有り難がって頂いていたが、あれが椎茸の欠片だと知った時の絶望感は今思い出しても切ない。

　本物を口にすること無く本格的な貧乏演劇青年になった僕は、稽古に行く前の午前中に青果市場で働いた。今は無い、秋葉原の駅に隣接した巨大なその市場は通称「やっちゃ場」と呼ばれ、築地の魚河岸と並んで都民の胃袋を満たす拠点だった。スーパーカブを駆って朝の5時から勤務していた。所属は新橋の果実店で、競りの帽子を被ってサクランボなどを買い付ける。午前10時には勤務が終わりバイクに跨がるのだが、そこで決まっておじさんに呼び止められる。「メロン食うか」と。映画フォルスタッフのオーソン・ウェルズそっくりのそのおじさん、市場の偉い人だったのか記憶が定かでないが、売り物にならない傷物のマスクメロンをいつも両手に抱えていた。「メロン食うか」。二つ返事で頂いたメロンをバイクに載せて稽古場へ走る。錆びた包丁で4つに切って貪り食った。運悪く傷物になった所為(せい)で銀座の高級クラブで供されずに貧乏演劇青年の胃袋に収まるマスクメロン。正直に言おう。当時連日死ぬ程食った所為(せい)で、実はメロンの有り難みが僕にはよく解(わか)らないのだ。

ガラスのお皿に
メロン用スプーンで食べた
子どものころの幸せ。
イチゴ用も
グレープフルーツ用も
あったよね。

取調室で高品格に林檎を渡された刹那全てを自白してしまった

還暦からはや一年。自分の衰えを自覚はしているが認めたわけではない。しかし月日が経つのは加速度を増してきた。眼科でドライアイの新しい治療法を試したり、加齢に抗(あらが)ってみたりしている。でも近い将来、「免許返納」の時期は必ずやってくるんだろう。自動車保険も60代から保険料が高くなるらしいし、事故ったらジジイが運転なんかするからだよって言われるんだろうな。そんなことを考えながら免許の更新で警察署に行くとあらぬ緊張をしてしまう。視力測定器に激しくメガネをぶつけてしまった。

10年前の更新の時は老いの衰えなど自覚することは一切無かった。余裕綽々で手続きを終え警察署をあとにしようとした。ところが初老の警察官に呼び止められた。警官に呼び止められること自体で緊張が走る。後ろめたい気持ちはこれっぽっちも無いはずなのに卑屈に赤面してしまう。

「ちょっとお話いいですか」。ギクリとした。

聞けば、なんてことはない一日警察署長のお願いだった。事務所を通して正式にオファーするわけでもなく、制服警官の直々な出演交渉。もちろん無償協力なのだが、実に効果的な有無を言わせぬネゴシエーション。あまり芸能関係者が住んでいる地域ではない所轄署なので、その山本さんというおまわりさんが免許更新で訪れた著名人を一本釣りする。往年の高品格に似た風貌を生かし落ち着いた低音でお願いされる。下手な言い訳で逃げおおせるはずはなく、僕はあえなく落ちてしまった。

警察署長の服は既存のものに合わせるので僕には寸足らずだった。せめてワイシャツだけはと山本さんが自腹で新調してくれた。当日はパレードに出て簡単なスピーチをするだけのものだが、それ以上になかなか経験できない貴重な一日となった。留置所や刑事部屋も見学させてもらった。ドラマで何度も演じてはいるがリアルなものは初めてだ。驚いたのは迷子の犬が署内に繋がれていて、その餌をあげるのも山本さんの仕事だった。

その後も付き合いは続いていたが、数年後退官されることになった。故郷の青森に帰られるという。もうお会いすることもないのかと寂しくなったが、冬になると林檎が送られてきた。今年も、その林檎を頂きながらこれを書いている。これからも、返納するまで、安全運転します。

イタリア料理をやっている
お友だちのお店の
姫林檎とゴルゴンゾーラの
ピッツァ。
メープルシロップ
たっぷりかけて
パリっとしっとり
うまいの。

八つ橋とチュロスの間には天と地ほどの隔たりがあるを知る

お菓子の買い置きなど家に無かった小学生の頃、水屋の引き出しの隅に転がる飴玉だけが唯一勝手に盗み食いできる糖分だった。キャンディーなどというヤワな物ではなく安易に舐めると中の空洞部分で口内を切って血だらけになるという危険な代物なのだ。ハッカとニッキと2種類存在し、当初僕は圧倒的にハッカ派だった。この両者、刺激という点において麻(マー)と辣(ラー)ほどの違いがある。ニッキの痺(しび)れ感が苦手な僕にとってサクマドロップスの缶にハッカのほうしか投入されていないことは歓迎すべき事実だった。

次第に大人になり食べ物の好みも変わり、喉が痛いと言えば貰える浅田飴もクールではなくニッキを指名し始めた。そのうちハッカはミント、ニッキはシナモンと呼ばれ、飴玉の香り付けから、広くスイーツや食品全般に展開を遂げていくようになる。

先日差し入れで日本橋人形町壽堂(ことぶきどう)さんの「黄金芋」という和菓子をいただいた。スイートポテト様の白餡の周りにまんべんなくシナモンがまぶしてある。大きさも甘さも程よい絶妙なスイーツだ。夕食後、お茶を飲みながらいただき至福の時を過ごす。ふと裏の原材料表示に目が行き、未だにニッキと書かれた文字を見て老舗の意地を垣間(かいま)見た気がした。なんてことを女房と話していたら彼女、やにわに調べ始めた。ニッキとシナモンは別物だと思うと。んなわけないだろニッキなんて香辛料コーナーで見たことも無いぞ。ところがしたり顔でこちらを向いてやっぱり思った通りだと言うではないか。言うまでも無く彼女は根っからのニッキ派だ。

シナモンというのは主にスリランカ産の肉桂という樹木の樹皮を乾燥さ

せたもの。そういえばある時、紅茶に枯れ枝を突っ込んで飲む風習に驚いた覚えがある。一方のニッキは日本産の肉桂の根の部分の皮なんだとか。香りも刺激も違いがあって似て非なる物だということを初めて知った。ひとつ大人になった僕は、カフェでラテに枯れた木の「枝」では無く「根」の部分を突っ込んでニッキラテにして飲みたいという衝動にかられてしまうのだった。

ふわ〜って
シナモンの香りを感じながら
巻きをはがして食べるの。

クールな奴が涙もろくなったのは歳じゃなくマスクの所為さ

20年程前、ある男性ファッション誌で悪役俳優をモデルに使うという企画があった。僕にもお呼びがかかり、白い衣装を着せられてスタジオの中央でフラッシュを浴びた。ジルサンダーというタグのついた上下のスーツは一式30万以上するとスタイリスト氏が笑いながら教えてくれた。当時の僕の経済状況ではひっくり返っても買える代物ではない。いい経験だと思いカメラに向かう。カメラマン氏がしきりに「来る」「来る」と言う。そういう気合いの入れ方か、もしくは助手を呼んでいるのか測りかねていたが、どうも僕に向かって叫んでいるようだ。よく聞くと「クール」「クール」と連呼している。そういう褒め方をする人に初めて出会い、軽く寒イボが立った。

子供の頃の歯磨きは習慣づけが大切なのでイチゴ味やブドウ味など甘くした歯磨き粉が一般的。しかし僕は親と同じ辛口のクール味を求める背伸びした子供だった。遠足のおやつにも必ず「カルミン」を外さなかった。惜しくも数年前に販売が終了したミントタブレットの元祖のようなお菓子で、巻いた銀紙を器用に剝がしながら遊びの合間に口に放り込んだ。「カール」は関西に行けば買えるのに、あのクールなお菓子に出会う方法はもうない。遠足のおやつで現存するクールな奴は、ご存知サクマドロップスの当たり飴「ハッカ」ぐらいか。しかしあれを当たり飴だと思っていたのはごく少数派だと知って愕然(がくぜん)とする。惜しげも無くくれる友人が多かったのは、貢ぎ物ではなく厄介払いだったのだと合点がいく。

そんなクールな僕は、今でもクールな相棒を衣装のポッケに忍ばせている。いわゆるミントタブレットの類いだが、気分転換だけでなく、いつなんどきキスシーンを要求されても良いように口臭予防も兼ねている。失礼、話を盛った自分を戒めたい。

最近は撮影本番まではマスク着用が義務付けられている。ミントタブレットを口に含んだままマスク越しに台詞を喋ると寒い呼気が目に上がる。なんでもないシーンで涙を流すクールな役者が近頃増えてきたとか。

だーいぶ昔、
チョコミントって
他のアイスより少し
大人感あったな。

たべるノヲト　おまけ　朝食

夏は6時、それ以外の季節は7時に起きて犬と一緒に公園を散歩している。それなりに大きな公園なので本気で回れば6キロ8000歩ほどにはなる。でも犬も僕も老いぼれてきたので5キロ弱に短縮して、無理のないようなルーティーンにしている。緑の森の中を歩きながら台詞覚えやエッセイのネタ探し、あるいはＳｐｏｔｉｆｙで新譜のチェックなど、脳を活性化させる作業はこの時間に集中させている。

帰って朝食が出来るまでの間に軽い筋トレとストレッチ。車とトイレ等の掃除も日課のひとつ。朝は頭も身体もキレが良いので、キビキビと活動してお腹を十分に空かせることが可能なんだと思う。

まず飲み物から。トマトジュースはカゴメの無塩にフードコーディネーターの飯島さんのところから取り寄せた梅酢を3滴ほど垂らしたもの。よつ葉の牛乳。高知から取り寄せたグァバ茶。この3つをグラスに注いで食卓に揃える。

さらにデザートの準備。ヨーグルトを200グラムきっちり計って器に盛り、別皿に特製トッピングのきな粉ココナツレーズン。このヨーグルトもよつ葉製。フランスに行った時にバターで有名なエシレの牛乳が最高に美味しいと聞き、同じ理由で日本だったらよつ葉じゃないかという単純なきっかけ。きな粉とココナツとレーズンはそれぞれ1：2：1の割合で予めミックスしたものを冷蔵庫に常備。あとフルーツは林檎と河内晩柑を季節によって。

お次は箸休めの漬物群。自家製高菜の油炒めはもちろん、カナモト食品のこだわりキムチ、薩摩（さつま）マルシマのたくあん、これら三種が常に並ぶ。

定番の納豆は鈴乙女納豆、またはかじのやのけんこうくん。これらに万能葱をトッピングして伊豆井田塩の海苔3枚で巻いて食べる。

おきまり味噌汁は九州出身者の呪縛が解けずに麦味噌一辺倒。今は鹿児島はつゆき屋の麦みそ。具で一番好きなものはやっぱり南関あげ。

おかずは卵料理。日替わりで野菜なんかと炒めたもの。極力平飼いのものにしている。

最後はやはり米。これは華月さんの土鍋を使った炊きたては美味い。時期によるが福島の「福、笑い」があると最高。

ま、ざっとこんなとこ。

以前は朝ご飯なんてどうでもいいと思っていた。食べなくてもいいとすら考えていた時期もある。今はどうだろう。この朝のルーティーンこそが幸せのすべてだ。噛み締める一瞬一瞬がかけがえのないひとときなんだ。永遠に続くように思えて、意外と儚い至福のひととき。また、あすもこの食卓で、このひとときが過ごせるように心から希う。

全てに感謝をこめて。

「ごちそうさまでした」

松重豊×あべみちこ対談

松重豊と、旭川在住のイラストレーター・あべみちこ。
親交の深い二人が織りなす本書のエッセイは、
松重さんが紡ぐ「食の記憶」をあべさんが味わい、
絵にしていただく方法で一編が誕生する。
そんな「あ」と「うん」から生まれる作品の舞台裏について
二人に伺ったところ、いつしか——。

松重衣装／ジャケット 54,780円、シャツ 38,500円、
パンツ 34,980円（以上Django Atour ☎092-523-6745）
メガネ（武田メガネ）時計（本人私物）

松重　あべさんとの出会いは2016年。「孤独のグルメお正月スペシャル〜真冬の北海道・旭川出張編」（テレビ東京）ですね。

あべ　もう8年前！　本当に早いですね〜。

松重　「孤独〜」はお店選びが大変なので、地元の方の協力が不可欠。そこで、当時のチーフディレクター・みぞさん（溝口憲司氏）が「あべみち、あべみち〜」と呼んで全幅の信頼を寄せていたあべさんを紹介してくれてね。

あべ　いや〜ありがたいです。「孤独〜」は、ディレクターさんたちが自分の足でここぞというお店を見つけるというこだわりがあったので、お手伝いさせていただきました。

松重　その節はありがとうございました。その後、あべさんのお仕事はイラストレーターと伺い、年末にあべさんが描かれた美味しそうな食べもののイラストがたくさん載った「くいしんぼうカレンダー」をいただきました。

あべ　「トイレに飾ってください」と添えさせていただいて（笑）。

松重　おかげさまであれから8年、今朝もあべさんの絵を見ながら快調な朝を迎えました。このルーティンが生まれてから、あべさんと何か、書く者と描く者とで共同作業をしたいと思い、前回の本（『空洞のなかみ』（毎日新聞出版））で実現したわけです。しかも今回のエッセイはあべさんのイラストがカラーですからね！

あべ　いやもう、雑誌「クロワッサン」でこんなに大きく掲載されると思っていなくて。いまだに「松重さんの連載に、みっちゃんの絵が載っててビックリ！」と言われます。

松重　最初にお会いして以来、旭川に行くたびに空港でも街中でも、あべさんのイラストを見ない日はないですね。いったい、旭川でどういう存在なんですか（笑）？

あべ　いや〜そろそろ「飽きた」と言われそうでビクビクしています。他のイラストレーターさんは、センスがあるしおしゃれで。私の絵はご覧の通り、おしゃれじゃないんです。

松重　「たべるノヲト。」はジジイの世迷言だよ？　読者さんもこのエッセイにおしゃれを求めてないいんじゃない（笑）？　僕は誌面で「あべさんこうきたか〜」って思うのが毎回楽しみ。イラストは描くのにどのくらい時間がかかるの？

あべ　ひとつの食べものを描くのに6時間くらいですかね。

松重　わ〜、そんなに！

あべ　楽しいからあっという間です。描いているときは「どうしよ〜、全然美味しそうじゃないな」ってときもあって。何度か描き直すと「きた〜！　良かった〜」って瞬間が来ます。うちのスタッフに何も言わずに「スキャンしてください」と渡して、彼女が「うわ〜美味しそう！」と言ってくれたら、そこで第一段階突破です（笑）。松重さんの文章はどうやって書いていてらっしゃいますか？

松重　朝、一時間ほど犬の散歩をするんだけど、そこでエッセイについて考えることが多くて。何かひとつ面白い話を作って、そこに食べものをねじ込む感じですね。それから家に帰って一時間半くらいで書き上げ、女房に読んでもらったら「これは違うんじゃない？」というものもあって。そうか……と修正して。読者代表ですね。

あべ　素敵な奥様ですね！　書かれる順番が食べものからではないのは意外でした。

松重　ストーリーをだいたい三段構えにしています。起承転結ではなく序破急みたいな感じで。ただ目次をご覧いただけたらわかるように、わりと出し切りまして（笑）。これからは創作系になっていくかもしれません。女性誌での連載ですが、単行本になったらやっぱり男性にもたくさん読んでいただきたい。あべさんの絵もおじさんウケしそうだしね。鮭とば描いちゃう人だから。

あべ　そうですね（笑）。老若男女の方に読んでいただきたいです。ところで松重さんは最近どんな食べものが気になります？

松重　そうだね〜。もう一度プリッと太った秋刀魚が食べたいと心の底から思うね。あの、焼いているときから脂がドロドロ湧き出てくるようなさぁ。

あべ　最高ですよね！　内臓がジリジリと焦げてきてね〜。
松重　そうそう、そこを身と絡めながら食べてね〜。
あべ　魚といえば胃袋とか、タチ（鱈の白子）もいいですよね〜。
松重　胃袋？　タチ？　それはもう緯度の違いだね。全く馴染みがない（笑）。鱈の白子をタチと呼ぶのは初めて知ったな。
あべ　北海道ではそう呼ぶことが多いですね。話しているだけで（旭川の）独酌三四郎さんで日本酒飲みたくなります。（燗瓶を炭火にかけた）焼燗で。どうやら熱燗よりも焼燗のほうが旨味がギュッとするそうですよ。
松重　あくまで個人の感想ですって注釈いるよね、きっと（笑）。「孤独〜」で初めて三四郎さんに伺った当時、こんな美味しい日本酒ないなって本気で思ったな〜。
あべ　そうですね〜。古くからあるお店には理由がありますよね。
松重　気になるといえば、最近、（マネージャーの）鈴木さんがものすごく美味そうに食べるもんだから、フルーツサンドというものに目覚めましてね。いろいろ食べるけど果実園のフルーツサンドは美味いな〜。パインとマンゴーとか入って、四角形でね。
あべ　うわ〜四角形っておしゃれですね。すぐに食べてみたいと思います。私は週一で欲するものといえばスパイスです。中でもクミンが大好きで。ラジオ番組で味噌汁に入れると消化を促してくれていいって言ってましたよ。

松重　スパイシー味噌汁？　どうやって作るの？

あべ　クミンシードを炒めて豚汁に入れてもいいですし、クミンパウダーをそのままいつもの味噌汁に足してもいいですし。サラダにも合いますよね。

松重　クミンいいね〜。

あべ　あとは最近パンチェッタ（ハーブと塩漬けした豚バラ肉を熟成）を作りました。

松重　パンチェッタといえばジローラモさんのお名前でしょ？

あべ　いえいえ、お料理のほうの（笑）！

松重　すごいな〜。さすがだね。パンチェッタを家で作るなんて！

食べもののトークはまだまだ続くので、続きはまた今度に。

本書は雑誌「クロワッサン」で
連載（2022年6月〜2024年8月）のエッセイに、
書き下ろしを加えまとめました。

たべるノヲト。

松重豊 まつしげ・ゆたか

俳優。1963年生まれ、福岡県出身。蜷川スタジオを経て、映画・舞台・ドラマで幅広く活躍。FMヨコハマ『深夜の音楽食堂』のパーソナリティを務める。テレビ東京開局60周年連続ドラマ「それぞれの孤独のグルメ」に出演。また、主演・監督・脚本を務める『劇映画 孤独のグルメ』が2025年1月10日に全国公開。松重豊 公式YouTubeチャンネルでは、本書の朗読「しゃべるノヲト。」も公開中。

2024年10月10日 第1刷発行
2025年 1月24日 第3刷発行

著　者 松重豊

発行者 鉄尾周一

発行所 株式会社 マガジンハウス
〒104-8003 東京都中央区銀座3-13-10
書籍編集部 ☎03-3545-7030 受注センター ☎049-275-1811

印刷・製本 株式会社千代田プリントメディア

ISBN978-4-8387-3292-0 C0095